中國哲學會學術專刊 02

哲學應用與應用哲學

序一

　　中國哲學會學術集刊第二輯，終於在同仁們的努力下完成。這是2017年10月28、29日（週五、週六）於臺中中山醫學大學舉辦「哲學應用與應用哲學」國際學術研討會論文，從發表的31篇中挑選出的9篇論文編輯而成。

　　所謂「哲學應用」是由哲學既有理論出發，如形上學、倫理學、知識論等，將這些理論應用於現代思想，如本期臺大哲學系吳澤玫老師的〈職業倫理教育：論有意義的工作〉，她根據亞里斯多德（Aristotle）在《尼各馬可倫理學》（*The Nicomachean Ethics*）裡的主張，分析「報償」與有意義工作之間的關係。

　　其次，「應用哲學」的出發點，是以解決實際問題為導向，針對現代人類生活、學習所面臨的問題，提出哲學性的解決方案；如高雄醫學大學醫學系王心運老師的〈醫學人文之後現代教育方案─以「醫學與思辨」課程為例〉。「哲學應用」與「應用哲學」兩者相互為用、相輔相成。此也正是我們中國哲學會所努力的目標，一方面要深耕哲學的理論研究，另一方面也要使理論結合現實，將哲學普及推廣於現代社會，於現實生活中發揮哲學之大用。

　　今年五月，我們在輔仁大學哲學系舉辦了「哲學推廣甘苦談」座談會，主題包括：哲學諮商之推廣、高中哲學教育之推廣以及兒童哲學之推廣；此外，7月間本會也參與由臺大哲學系主辦的：「兒童哲學教

學、教材與推廣研討會」。8月分本會多位會員參加於北京召開的第24屆世界哲學大會，發表多篇論文。

本會除了舉辦座談會或工作坊之活動外，每年都會舉辦一次大型的學術研討會，針對當前社會上的問題或時代性議題做哲學的考察與反省，藉由會議主題的設計，邀請哲學學者們集思廣益。中國哲學會是與時俱進的學術性社團，藉由大家的熱情參與，推動學校與社會上理性思辨的風氣。學術集刊的出版，保留下許多哲學同道們的思想精華，感謝作者們的投稿、審查者的用心、編輯同仁們的付出，希望未來有更多志同道合者加入推廣哲學教育的行列。

中國哲學會理事長 李賢中
2018年9月於臺灣大學文學院

序二

在李理事長賢中教授的領導下，中國哲學會同仁們與由中山醫學大學通識教育中心蕭主任宏恩所帶領的團隊，共同在2017年10月28～29日順利完成「哲學應用與應用哲學」國際學術研討會，計有31篇論文的發表，也為中國哲學會的年度活動劃下美麗的句點。這本中國哲學會學術集刊第2輯的出版，正是再從本次年會發表的31篇論文中，經過嚴謹的評選，挑選出9篇論文出版，希望能以哲學理性的思維，為今日社會所遭遇的問題，試解迷津。

哲學從古希臘時期的「愛智之學」到今日「哲學是文化的醫生」，每個時期的哲學家不論是基於悲天憫人的情懷，或是為求真理所建構的知識體系，皆出於他們那份普世性的真性情而對問題提出針砭，哲學正如「與其詛咒四周黑暗，何不點燃一根蠟燭」的應世智慧與實踐豪情，本次集刊之主題扣緊在「哲學的應用與應用哲學」，即是試圖從哲學工作者的角度探討哲學實踐的可能性及其對治策略。

感謝五南圖書出版公司楊發行人榮川先生長年來關注文化事業與學術園地的耕耘，可稱是哲學界、文化界進步的重要推手，因其與該公司同仁熱情的支持，鼓舞了許多學界同仁投入浩瀚學海的研究與探索，才有今日吾輩學術界園丁於社會的立足之地。借用李理事長於第一輯序言的話，以饗讀者，共勉之——

　　唯有愛智熱忱的凝聚、大家共同的努力，才能擴大哲學知識的普及、人文素養的提升，並形成社會上哲學思考的風氣。

中國哲學會副會長 吳進安
2018年9月於國立雲林科技大學漢學應用研究所

目　錄

西洋哲學篇

論文本詮釋的有效性

傅永軍

山東大學中國詮釋學研究中心暨哲學與社會發展學院教授

楊東東

山東省委黨校馬克思主義學院副教授[1]

---

[1] 本文的主幹內容曾以《公共理性與公共闡釋的有效性》為題，發表在《江海學刊》2018年第2
期。此次發表，作者對論文進行了修改，使之更為明確地聚焦於文本詮釋與詮釋的有效性問題之
上。

摘　要

　　文本詮釋指向一種有理性根據，且同時爲參與詮釋對話各方所共同承認的共識。共識意味著文本之意義詮釋達成了理解的有效性。理解的有效性旨在實現詮釋活動參與者之間的共用性理解，促成對話參與者雙方原來立場的轉變，在詮釋對話活動中找到理解文本意義的途徑。因此，一種有效的意義詮釋的根據與詮釋的眞實性無關。文本詮釋的有效性需要滿足「充分的」與「合理的」兩個條件。所謂「充分的」，意味著詮釋者有充足的理由證成自己對文本的詮釋；所謂「合理的」，意味著接受者對某種詮釋的接受或者拒絕總是有著理性的根據。詮釋有效性的這種「相互性判準」將詮釋的公共性與有效性相統一，在參與詮釋活動的對話雙方建立起一種相互承認的關係，昭示著詮釋學不僅是一種理論智慧，更是一種實踐智慧。

關鍵字：意義詮釋、共識、有效性、相互性判準、對話、公共理性

前　言

　　文本詮釋要求理解的共識性。理解的共識性是文本意義詮釋之有效性（或者說合理性）的一個核心標示。有效的詮釋使得文本的意義得以在詮釋活動參與者之間實現一種共用性理解。而共用性理解的普遍意義在於，它能夠在文本詮釋活動中促成參與者雙方原來立場的轉變，在詮釋對話活動中達成相互理解。嚴格說來，一種有效性的意義詮釋的基礎和根據不在於詮釋的眞實性，而在於詮釋的合理性。就此而言，文本詮釋的有效性致力完成在理性認證基礎上的可公度性的詮釋。也就是說，它所要解決的不是「理解得以發生的條件」[2]這樣一個問題，而是「具有廣泛共識的共用性理解何以可能」這樣一個問題。共用性理解需要預設了一個詮釋共同體的存在，並希望以公共理性保障有效的詮釋共識的達成。要實現這樣一個目標，如下二個問題必須優先得到解決：第一，既然文本詮釋要求的是一種共用性理解，那麼這種理解的有效性該如何判定？這就要求必須明確文本詮釋的有效性判準。第二，有效的文本詮釋必須以「公共理性」作爲保障，那麼又當如何理解公共理性概念，它在何種意義上保證了有效的文本詮釋的實現？唯有解決了這樣二個問題，文本詮釋有效性的理性根據才能得以證成。

一、文本詮釋有效性之傳統判準：疏義與批評

　　文本詮釋有效性的傳統判準，可以通過分析傳統上有關「何爲有效的

---

[2]　Gadamer, Hans-Georg, (1975). *Truth and Method,* (306). Translation revised by Joel Weinsheimer and Donald G.Marshall (Second Revised Edition). London/New York: Continuum.

詮釋」觀點推出。傳統上認為，一種有效的文本詮釋是一種有理性根據、有相對確定意義，且為理解共同體所共同承認的共用性理解。從中我們可以析取出傳統意義上關於文本詮釋有效性的兩個具體要求：

第一個要求是「具有相對確定的意義內涵」。雖然對於何謂文本的確定的意義內涵，沒有定於一尊的權威解釋，可為見仁見智的問題。但是，堅持這種主張的詮釋學者大都主張文本具有一種自在的、實在的意義，該意義不會因文本所處之詮釋情境的變化而改變；相反地，它構成了牽制所有可能詮釋的中心含義。事實上，唯有如此，才可能滿足文本詮釋對意義內涵解釋的普遍性要求。由此可見，詮釋共同體必須以尋找文本的真實內涵，即文本所蘊含的自在意義為己任。

有效的文本詮釋的第二個要求是，為文本詮釋活動參與者所組成的理解共同體所認可和接受。換言之，針對文本——對文本可以做廣義理解，它不僅僅指任何由書寫固定下來的話語，亦可以指事件、行為、信仰和各類社會性存在（比如制度、組織等）——展開的詮釋要獲得有效性，必須向詮釋共同體開放且得到普遍承認。需要說明的是，由於文本詮釋的開放性，它要求的詮釋共識必須面對以歷時形態存在於不同詮釋學處境中的詮釋者和接受者，因此，詮釋共同體並不受制於具體的時空場域，是一個無限開放的「理想共同體」。這個「理想共同體」應當將理性的共識性理解建立在公共理性之上。因為，只有通過在詮釋活動開放的公共思想場域中展開溝通對話，揚棄個人在理性使用中的局限性，具有共用意義的文本詮釋才能夠形成。

從這樣兩種要求中，可以引申出傳統的文本詮釋的有效性判準，即真實性和合理性。其中，真實性意味著對文本的確定含義——亦即文本的自在意義——的理解闡明，而合理性則強調詮釋結果必須來自於理性指引下的闡釋共同體的一致承認。

　　然而，仔細分析有效的文本詮釋之傳統判準，我們發現，這個判準中能夠滿足的標準是合理性，而文本詮釋的眞實性標準則難以滿足。人們通常認爲，對文本的某種詮釋，只要合乎基本的邏輯要求，其所給出的意義解說又與理性論證的一般規則不相衝突，就可以被看作是一種符合理性的詮釋。但是，若要論及文本詮釋的眞實性，人們馬上發現，由於理性多元主義事實（the fact of reasonable pluralism）的存在，以及「詮釋過程必須受制於的前理解結構」這樣一種理解之前件的限制，文本詮釋實際上已無達成眞理性目標之現實可能。

　　理性多元主義是現代自由－民主社會實際狀況的一種眞實寫照。民眾在自由制度框架下自主運用理性能力形成多種並存的價值觀，並通過宗教、哲學、道德學說等不同形式表現出來，展現爲一系列各不相同的完備性學說。由於這些完備性學說的形成皆借助於理性引導，因而，理性多元主義在性質上與一般多元主義有著根本性差異。後者形成的多元化學說和觀點並不排除可能來自狹隘的自我利益或者經過妥協和計算後的共同體利益，亦或「僅僅是民族從一種有限立場來看待政治世界的可以理解的傾向」，而理性多元主義則通常是「自由制度框架內自由實踐理性作用的結果」。[3]職是之故，任何經由理性洗禮的完備性學說都有其存在的正當性，但「這些學說中的任何一種都不能得到公民的普遍認肯。任何人也不應期待在可預見的將來，它們中的某一種學說、或者某些其他合乎理性的學說，將會得到全體公民或幾乎所有公民的認肯」[4]。更進一步說，這種理性多元主義並不僅只存在於某一個時代或者場域，它作爲民主社會的一個永久特徵，具有可持存性的特點。如此一來，回到有關文本詮釋的眞實

---

[3] 約翰・羅爾斯著，萬俊人譯，（2000）。《政治自由主義》，（南京：譯林出版社），37-38。

[4] 約翰・羅爾斯著，萬俊人譯，（2000）。《政治自由主義》，4。

性要求，便會發現其與理性多元主義事實的不相容。當持守著不同完備性學說的詮釋共同體針對文本進行理性詮讀時，由於其所處之立場完全不同，因此如何判定乃至尋求為不同詮釋共同體所認可的真實詮釋，就變得十分困難。而伽達默爾哲學詮釋學有關前理解結構的分析，更是從根本上否定了詮釋的真實性得以可能的基礎。眾所周知，伽達默爾哲學詮釋學所要處理的核心問題是「理解怎樣得以可能？」，其堅持這樣一種哲學觀點：「問題不是我們做什麼。也不是我們應當做什麼。而是什麼東西超截止我們的願望和行動與我們一起發生」。[5]這後一句話便意味著，理解行為並不是完全遵照詮釋者表面上的意願行進，亦即是說，它總是受到先在條件的約束，而這一條件就是伽達默爾所講的「前理解結構」，或者「前見」。如他所言：「一切詮釋學條件中最首要的條件總是前理解……正是這種前理解規定了什麼可以作為統一的意義被實現，並從而規定了對完全性的前把握的應用。」[6]伽達默爾認為這種「前理解」的具體表現形式可以是詮釋者所沿襲的傳統、或者某種權威力量等。這些前見從一開始便影響著詮釋者的意義理解趨向，從某種意義上講，已經預先實施了對可能理解的籌畫。也就是說，詮釋者對於任何文本的理解必須進入到由無可逃避的前見所構成的詮釋學處境才能形成對文本的一種有理性根據的理解。是故，有理性根據的文本理解就是「贏得一種正確的問題視域」的詮釋，也就是在合理的前見中完成的詮釋。可見，任何理解行為都是基於詮釋者的前理解而展開的一種在「偏見」支配下的行為。

不僅如此，聯繫上文有關理性多元主義的分析，人們會自然而然地將

5　伽達默爾著，洪漢鼎譯，（2007）。《真理與方法》（Ⅱ），「第2版序言（1965年）」，531-532，北京：商務印書館。

6　Gadamer, Hans-Georg, (1975). *Truth and Method*, (306).

各種完備性學說解讀爲詮釋者所具有的理解的前結構。這樣，問題就越發變得清晰明確了。因爲不同的詮釋者總是處在各自相異的歷史傳統中，其承襲之觀念千差萬別，所以就文本詮釋而言，要從眾多詮釋版本中擇選和認定何者更具眞實性，將是一項幾乎不可能完成的任務。更何況，根據伽達默爾的詮釋邏輯，即便是通過返回作品的原意而尋求確定性解釋亦是難以實現，因爲任何詮釋者都不可能完全擺脫自己的前理解而投入到作者的生存情境中。換言之，「占據解釋者意識的前見和前見解，並不是解釋者自身可以自由支配的」[7]。前理解構成了詮釋行爲得以可能的條件，與此同時也阻止詮釋者回到原初意義的可能性。由此一來，無論是理性多元主義事實的存在，還是有關前理解結構的詮釋經驗，都表明將詮釋的有效性與一種實體主義的完備性學說、文本的原意以及詮釋者的確定性詮釋等聯繫在一起，必然要面對不可超克的理論難題。

在筆者看來，之所以會出現這類難題，主要原因在於，主張文本詮釋就是解讀文本之確定含義——不是對作者原意的解讀，就是對文本所內蘊眞理的解釋——的詮釋學者，大都堅持獨白式的詮釋學立場，其文本詮釋活動最終指向一個確定的實在意義，因而排除了眞正的基於理由交換和自由溝通而達致共識的可能——所有對話都成爲被實在意義牽引的展示性行爲。而且，若就此深究，亦可發現在詮釋的眞實性和合理性之間尋得融貫是十分困難的事情。眞實詮釋唯有借助合理詮釋才能獲得其有效性，然而，詮釋學經驗和理性主義事實的存在卻表明，合理詮釋並不保證唯一解釋的出現，更何況是眞實詮釋。就此而言，哲學詮釋學是將詮釋看作是對話，而「眞正的談話是建基於承認我們自己的可錯性，承認我們自己是有限和歷史的生物，因而我們絕沒有黑格爾意義上的絕對知識。我們具有的

---

[7]　Gadamer, Hans-Georg, (1975). *Truth and Method*, (306) .

知識類似於蘇格拉底的知識：一種我們認自身無知並因而對他人觀點可能真理進行開放的知識。」[8]有鑑於此，作為對話過程的詮釋必然表現為一個「加強對方論證和自我檢討的過程」[9]，而一種真正的文本詮釋，其有效性應該在詮釋者與接受者的對話中、在詮釋共同體的溝通中互動完成，它展示為基於可錯性之上的對更好理由因而也是更好理解的共同追求。

二、有效的文本詮釋：基於公共理性的程式使用

如前所述，一種有效的文本詮釋應當同時獲得詮釋者和接受者雙重視角的認可。也就是說，合理的文本詮釋意味著詮釋者對文本意義的詮釋理據充分，而接受者也能夠從理性角度提出理由，或接受或拒絕進入自己視域中的文本之意義詮釋。這種由詮釋者、接受者以及被詮釋文本共同構成的詮釋實踐，只能在詮釋活動相關者的對話中生成文本的意義。相應於文本詮釋的對話形態，文本詮釋的目標也發生了變化。文本詮釋活動所追求的並不是關於被詮釋文本之外在於傳統和詮釋者而存在的絕對的、永恆的真理，而是境遇化的、與詮釋者所處傳統密不可分的、對文本意義的歷史性理解。這樣，文本詮釋的有效性判準也將發生變化。筆者認為，可以借鑒羅爾斯有關公共理性有效使用的「相互性判準」為文本詮釋的有效性提供一個新的判準。

羅爾斯有關公共理性有效使用的「相互性判準」可以簡略表述如下：「惟有當我們真誠地相信，我們為我們的政治行動……提供的理由較為充

8　喬治婭・沃恩克著，洪漢鼎譯，（2009）。《伽達默爾──詮釋學、傳統與真理》，122，北京：商務印書館。

9　參見陳榮華，（2011）。《高達美詮釋學：〈真理與方法〉導讀》，214，臺北：三民書局。

足，且當我們同樣合理地認爲，其他公民亦會同樣合理地接受這些理由，我們對政治權力的行使才屬恰當。」[10]

從羅爾斯的論述中可以分離並演繹出兩個基本的有效性要求，即「充分的」（suffcient）和「理性的」（reasonable），作爲文本詮釋的有效標準。其中，「充分性」條件要求，詮釋行爲所給出的文本意義必須合乎理性地得出，即詮釋者必須能夠理性證成自己的意義詮釋；而「理性的」條件則要求，所給出的有關文本的意義詮釋能夠爲詮釋對話參與者合理地接受，而當對話一方懷疑或拒絕有關文本意義的詮釋時，也應當理性地給出自己的理由。換言之，詮釋者必須以理性理由來說服對方，從而實現從個人的主觀詮釋到文本的共用詮釋的轉換。

文本詮釋的這個新的有效性標準。其顯而易見的優勢在於，它賦予詮釋者和接受者以合作的契機。這種合作不是指詮釋共同體爲達成某種既定目標而展開的相互妥協，相反，它更加強調爲實現相互理解而進行的理由交換。詮釋者與接受者在完全開放的對話環境裡，通過理性論辯參與到文本意義的生成和認定之中，從某種意義上講，這也即是一種視域融合和新視域生成的過程。從實在論立場提出的理解的共識與共用以及普遍接受之要求，只有在這一層面才能得到完全澄清。而且，同樣重要的一點是，由於羅爾斯將「相互性判準」視作公共理性的有效使用標準，因而它便在一定程度上爲文本詮釋提供了理性支援。

然而，必須指出的是，這裡將羅爾斯的「有效性判準」移置到文本詮釋領域其實潛存著一種跳躍，因爲羅爾斯是在政治論辯中使用這一標準的，實際上將這一判準的使用限定在非常有限的範圍，即它只能使用於憲法所關涉之根本和基本正義問題。同理，公共理性亦是公民爲了解決有關

10　羅爾斯著，張曉輝等譯，（2001）。《萬民法》，148，長春：吉林人民出版社。

憲法根本和基本正義問題而訴諸的一種理性。現在，將如此局限的「有效性判準」和「公共理性」用在頗具普遍性的文本詮釋中，跨度不可謂不大。這要求我們必須給出理由，說明原本被限定在有限範圍使用的公共理性的理念和相互性判準，如何能夠完成跳躍，從政治論辯領域進入文本詮釋領域？進一步還需要說明，在完成跳躍過程中，公共理性的理念和相互性判準是否需要經過某種修正？我們可以從哈貝馬斯與羅爾斯的爭論中尋覓到一些積極的啟示。通過引入哈貝馬斯的相關觀點，對文本詮釋中公共理性及其有效性標準的具體作用方式作出一種新的解釋。

羅爾斯與哈貝馬斯爭論的一個核心問題是，公共理性的作用方式應當是實質的還是程式的。兩者的區分可以借助哈貝馬斯在《論理性的公用》中的說法來證明。他指出，程式主義「僅僅關注理性公共運用過程的程式方面，並根據其法律制度化的觀念來闡明權利的體系。它可以使更多的問題處於開放之中……。」羅爾斯對此則有不同的理解：「哲學可以優先建構一個公正而可以達成共識的社會觀念，而公民則把這一觀念當做平臺，來判斷現存的制度和政策。」[11]

雖然羅爾斯認同在公共理性使用過程中應當遵循某些探究指南（guidelines of inquiry），針對憲法根本和基本正義問題借助某些推理原則達成共識，但其基礎在於某些業已被建構起來的實質性觀念。關於這一點，只要考察一下羅爾斯是如何在多元社會中尋求公共認可的政治正義觀念便十分清楚。

如前所述，現代社會最典型的特徵之一是理性多元主義，任何一種完備性學說都不可能在這個時代獲得所有人的認可，因而「不適合於作為立

---

11 哈貝馬斯著，曹衛東譯，（2002）。《包容他者》，84-85，上海：上海人民出版社。

憲政體的政治觀念」[12]。但即便如此，羅爾斯認爲，這些完備性學說只是作爲一種綜合學說從屬於「非政治領域」，它的存在並不妨礙公民在「政治領域」中確認那些爲每位公民都認可的實質性價值觀念，亦即基本的正義原則。而只要通過訴諸於公民自身的理智能力和道德能力，這些政治正義原則和觀念就可以被預先確立下來。它們最終構成了公共理性的基本內容。如果說在這個過程中需要理性證成和論辯，並且由此說明這些正義原則和觀念是基於公共視角的理性共識，並得到各種不同完備性學說的肯認的話，那麼這些論辯就是在如下意義上講的：「理性的公民彼此考慮到了合理性的全備性學說，而這些學說認可了他們的政治概念。」[13]換言之，公共論辯發生在每一位公民都從「你和我」的立場出發反思這些政治正義原則如何嵌入各種完備性學說而與其保持一致、或者至少是保持互不衝突的。當各類完備性學說都能夠承認這些政治正義觀念時，便可以說後者是基於「公共視角」而達成的交疊共識。至此，那些最初源自於公民道德能力的正義觀念由於「共同視角」的介入而具有了公共性特徵。事實上，當羅爾斯談及公共理性使用的「相互性判準」，並將處於相互關係中的共同體成員會同樣合理地接受這些理由作爲其條件之一時，基於的便是這種分析的邏輯。

　　當然，在哈貝馬斯看來，這些所謂論辯程式的存在並不能掩蓋羅爾斯公共理性中深植的實質主義特徵，而羅爾斯也承認自己在很大程度上將公共理性做了實質使用。此處的公共理性便是作爲實質理性而發揮作用，而作用方式同樣要借助「交疊共識」。因此，如果羅爾斯能夠自圓其說地證成這種方案，倒可爲文本詮釋理論提供一些論證的理性支援。

[12] 約翰・羅爾斯著，萬俊人譯，（2000）。《政治自由主義》，143。
[13] 哈貝馬斯著，曹衛東譯，（2002）。《包容他者》，106。

　　然而，問題恰恰就在於，哈貝馬斯認為，羅爾斯對公共理性、包括其「相互性判準」的理解存在著一系列麻煩。這一方面是指他要承受過重的論證負擔——羅爾斯對公民具有的理智能力和道德能力的承認，其實是基於自由主義對人的判斷和預設，是指處於原初狀態的人在無知之幕中展示出的一種基礎性能力，而這顯然不是自明的，必須要有更基礎性的論證。哈貝馬斯因此指出：「羅爾斯如果換一種方式來展開他的道德視角……從程式主義的角度，對實踐理性的程式概念加以闡明，他就可以避免由於提出原初狀態的設計而遇到的麻煩。」[14]除此之外，羅爾斯可能遭遇的另一個挑戰在於他對「公共視角」的誤判。換言之，在哈貝馬斯看來，羅爾斯基於公共理性對政治正義原則的證明並不是真正理由交換的結果，它依然是從獨白視角出發而形成的並不徹底的共識。其原因在於，「這裡所說的『公共的』和『共有的』具有某種誤導成分。『重疊共識』是大家一起進行自我監控的結果，而監控的內容在於有關意見與自己的世界觀是否吻合。要想取得『重疊共識』，每個人都必須接受同樣的概念，而且運用的是各自的非公共理由，同時還要對其他所有人持肯定立場」[15]。雖然公民在政治領域能夠達成對正義原則的「共識」，但這不過是說，每個人都以自己的方式、從自己的完備性學說出發對他人亦承認的政治正義表達了自己的認同而已。在這個過程中，根本不存在不同視角的交流和溝通。每一個公民對政治正義表示認同的理由和推理過程是不同的，並且，由於他們無法進入對方的視野，因而也根本無從知曉他人的認同邏輯。這就是哈貝馬斯所說的，「重疊共識」其實不過是建立在非公共理由的基礎之上。於是，羅爾斯所謂的公共理性就不是真正意義上的對理性的公共使用，而所

---

[14] 哈貝馬斯著，曹衛東譯，（2002）。《包容他者》，68。
[15] 哈貝馬斯著，曹衛東譯，（2002）。《包容他者》，106。

謂的「相互性判準」，亦根本不是理由交換和溝通意義上的「相互性」。更何況，在羅爾斯的公共論證中其實還隱藏著另外一個成問題的預設，那就是在「政治領域」和「非政治領域」之間的劃分。事實上，在日常行為中，人們很難嚴格界定哪些問題屬於政治領域並由此開啟自己的公民身份，而哪些又是處於完備性學說適用的範圍內。

由是觀之，羅爾斯對公共理性的使用方式和理解方式存在某些偏差，至少並非如他所言，是對理性的公共使用。而哈貝馬斯理論的優越之處也由此得以突顯。在他看來，「哲學應當僅限於澄清道德視角和民主程序，僅限於分析理性話語和協商的前提條件……此時此地必須尋找到的實質性答案，被哲學交給了參與者，他們或多或少已經受到了啟蒙，可以通過自身的努力來做出這樣的解答」[16]。無論是針對政治正義的問題，還是更大範圍內的問題，只要放在理性論辯的程式框架中，對論證過程加以規範，便可以保證結論的合理性。就內在的論證過程而言，不需要給出任何作為基礎的實質性預設。當然，必須指出的是，對於程式本身的設定來說，哈貝馬斯承認一些基於直覺觀念的道德前提存在的必要性，譬如，詮釋者和接受者必須視對方為平等的交流主體，任何人都可以自由進入和退出商談程式，對自己的觀點有舉證責任等。事實上，當我們設定公共理性使用的相互性判準時，已內在地認同了這些道德前提。[17]唯有如此，哈貝馬斯認為，論辯者才可能真正擺脫外在觀察者的視角，以參與者的身份進入到理

---

[16] 哈貝馬斯著，曹衛東譯，（2002）。《包容他者》，85。

[17] 正是由於這樣一些道德前提的存在，羅爾斯認為，哈貝馬斯的公共理性並不完全是程序性的，它同樣依賴於一些實質性內容。事實上，「哈貝馬斯認識到了他的觀點是實質性的，他只是說他的觀點比我的觀點更適度一些而已。」（參見約翰‧羅爾斯著，萬俊人譯，（2000）。《政治自由主義》，453）。在這個問題上，筆者認為，哈貝馬斯設立的這些實質性條件，是論辯程序能夠順利進行的最基本保證，而這完全不同於羅爾斯在政治正義論辯中的關於正義原則等的實質性預設。

由的提供和交換過程中，理性的公共使用才能做到名副其實。與此同時，在筆者看來，哈貝馬斯程式理性的優越之處還在於，它可以突破羅爾斯在「政治領域」和「非政治領域」之間的區分，使得公共理性的應用範圍更爲普泛化。任何出現在公共領域之中的論題，都可借助公共理性加以討論。只要想一想哈貝馬斯對早期文學公共領域中公共理性使用的分析，便已經十分清楚了。作爲本文主題的「文本詮釋」問題也理所當然地被涵蓋其中。同時，前文提到的那個「跳躍」，公共理性從有關憲法根本和政治正義問題跳躍到更爲普泛的文本詮釋領域，由此也可以得到澄清及證成。

從上述一系列論證出發，我們便可以得到關於有效文本詮釋之理性基礎的認定：公共理性必須要以程式主義的方式發揮作用。唯有如此，才能夠真正實現詮釋行爲中的互動溝通，建立共同的詮釋視界，在視域融合中達成共識。同樣，作爲公共理性使用標準的「相互性判準」，在此基礎上也得到進一步確認。事實上，當筆者在前文中將「理性的」標準作如下表述——「所給出的有關文本的意義詮釋能夠爲詮釋對話參與者合理地接受，而當對話一方懷疑或拒絕有關文本意義的詮釋時，也應當理性地給出自己的理由」——時，已是在程式主義的意義上實現了對羅爾斯「相互性判準」的更新。

由此一來，「相互性判準」就可以視作檢視詮釋有效性的形式標準，它必然會同時規範詮釋者和接受者兩層關係，而公共理性的作用亦主要表現爲對程式的設置，以便讓詮釋活動參與者在自由對話中達成共識。其中，從詮釋者角度看，「相互性判準」要求詮釋的正當性必須爲接受者的理性所認同，詮釋的有效性表現在，其應當被接受者和詮釋者所共同接受的理由所證成。因此，從詮釋者立場看，在詮釋過程中應用公共理性主要不是爲了證成意義詮釋的真實性，而是提出讓參與詮釋對話的另一方接受意義詮釋的有說服力的理由，爲詮釋有效性提供根據或者基礎。而從接受

者立場說，「相互性判準」接受者必須理性地參與意義詮釋過程，遵行公共理性所提出的有關詮釋對話的論辯義務，也就是說，在涉及文本詮釋的接受與拒絕時，必須放棄自己的形而上學哲學─宗教立場，將自己的行為納入公共理性的論辯規範之中，成為一種公共理性行動，因此在接受和拒絕發生時，當理解出現歧義時，有義務向對話一方或者提出質疑者解釋自己接受和拒絕的理由。這種義務是道德義務，而非法律和政治義務。若訴諸法條和政治權威，就會違背自由論辯之理性天條。

三、詮釋有效性與文本詮釋的意義實現

　　筆者的分析表明，一種真正有效的詮釋理論，必須基於公共理性的程式使用，以「相互性判準」作為證成其合理性的形式標準。由此，文本詮釋的目標就不是造就一種對文本意義的真實詮釋，而是在詮釋共同體中通過理性論辯達成相互理解，使得對文本意義的詮釋表現出合理的可接受性。這種將真實性要求從有效性標準中分離出來的做法，非但不會影響文本詮釋得以可能的根基，反而為其提供了適應於多元社會情境的建構方案。唯有如此，文本詮釋才能將自身理解活動所具有可公度性、反思性和建構性價值實現出來。

　　首先，文本詮釋中作為公共理性使用之有效性標準的「相互性判準」真正實現了與公共性的有效連接。雖然不可否認的是，公共性在很大程度上都與政治領域相關聯──以哈貝馬斯為例，他的公共性往往是在下述意義上得到理解的：「對所有公民無障礙的開放性、公眾在公共領域內對公共權力和公共事務的批判性，以及遵循自由、民主、正義原則進行理性商討所達成的可以促使獨立參與者在非強制狀態下採取集體行動的共

識。」[18]——然而，正如哈貝馬斯的考察的起點是文學公共領域一樣，政治領域並非公共性的唯一展示場域，而只是哈貝馬斯更為關注的場域。因而，一種具有公開性、批判性和理性化特徵的公共性概念與文本詮釋的交迭並非不可能。而當我們將「相互性判準」的兩個基本條件作為文本詮釋的有效性要求時，開放的、反思的理性視野便已經打開。可以說，正是這種開放性視角為所有意願進入到詮釋共同體的個人提供了平等的對話機會。在由此形成的詮釋空間中，每一位詮釋者作為自主的理性主體就詮釋對象充分表達個人的觀點，提出接受或反駁理由，同時也承擔著回應他人質疑的義務，由之達成理性共識。這種共識具有最廣泛的認同基礎，成為在所有參與者之間共同分享的、可公度的詮釋結果。

其次，當詮釋者和接受者就同一論題展開論辯時，對各種質疑和拒絕的理性回應意味著批判視角的介入。當然，細緻講來，這種批判性可以從兩個角度進行理解。第一，這可以表現在對文本詮釋中可能出現的外在強制力量——譬如權威——的反思。這是一種強的批判立場，其目標是塑造一個真正平等的對話環境，從而對詮釋者和接受者的每一個詮釋行為加以約束，要求其論辯過程必須是基於理由的溝通而非強力的壓制。第二，這種批判性還可以做一種弱化使用，降低對所謂權威等強制力量的針對性，亦即是在認可現有詮釋參與者的理解立場的前提下，通過對理由的證明或者質疑來泯除成問題的詮釋，達成合理共識。這兩種方案其實正是哈貝馬斯和伽達默爾爭論的核心問題之一。不過，無論是強的版本還是弱的版

---

[18] 傅永軍，（2006）。《傳媒、公共領域與公眾輿論》，《山東視聽》，《山東視聽》編輯部主編，第1期（2006年1月）。哈貝馬斯對「公共性」概念的分析，具體可參見：哈貝馬斯著，曹衛東等譯，（1999）。《公共領域的結構轉型》，（上海：學林出版社），以及哈貝馬斯著，童世駿譯，（2003）。《在事實與規範之間：關於法律和民主法治國的商談理論》，（北京：生活・讀書・新知三聯書店），第8章。

本，都可以從中抽離出文本詮釋的反思性特徵，在詮釋者和接受者就文本意義展開的對話和交流中不斷修正自我認知。

第三，在文本詮釋中持續展開的反思性行為，意味著詮釋共同體總會就文本意義形成更具合理性的認知，構建出新的理性共識。當然，對此需要特別指出的是，無論是文本詮釋的建構性還是超越性，都不意味著它會因此淪爲一種相對主義的、且頗不穩定的詮釋方案。實際情況恰好相反。文本詮釋並不承認一切理由都是同等有效的理由，它時刻保持著對所有異議的開放，並認同基於更好理由達成的共識。所以，只要不是以傳統的自然科學對絕對眞理的追求作爲標準，文本詮釋就絕不該被判定爲是一種「什麼都行」的相對主義。而十分清楚的是，從狄爾泰以來，詮釋學的意旨之一就是構建與自然科學完全不同的精神科學的發展邏輯。實際上，由此出發，關於文本詮釋不穩定性的懷疑也便不攻而破。當文本詮釋對更好理由的追求總是建立在所有詮釋者以平等身份展開理性對談的基礎之上時，由此形成的共識必然能夠爲最大多數可能參與者所共用，其穩定性也由此得到保證。

總而言之，對於文本詮釋而言，重要的不是尋求有關文本意義的眞實詮釋，而是通過相互理解達成一致，使得意義解讀能夠展示出令對話雙方認同的合理性和可接受性。就此而言，作爲公共理性有效使用標準的「相互性判準」可以發揮關鍵的範導作用。由於「相互性判準」將「充分性」與「合理的」視爲有效的文本詮釋的基本準則，並由之將文本詮釋的公共性與有效性統一了起來，從而在參與詮釋活動的對話雙方建立起一種相互承認的關係，它昭示著詮釋學不僅是一種理論智慧，更是一種實踐智慧。

參考文獻

一、專書

Gadamer, Hans-Georg, 1975. Truth and Method, (Second Revised Edition), Translation revised by Joel Weinsheimer and Donald G. Marshall, London/New York: Continuum.

伽達默爾著，洪漢鼎譯，2007。《眞理與方法》（II），北京：商務印書館。

──，洪漢鼎譯，2007。《眞理與方法》（II），北京：商務印書館。

羅爾斯著，萬俊人譯，2000。《政治自由主義》，南京：譯林出版社。

──，張曉輝等譯，2001。《萬民法》，長春：吉林人民出版社。

哈貝馬斯著，曹衛東譯，2002。《包容他者》，上海：上海人民出版社。

──，曹衛東等譯，1999。《公共領域的結構轉型》，上海：學林出版社。

──，童世駿譯，2003。《在事實與規範之間：關於法律和民主法治國的商談理論》，北京：生活・讀書・新知三聯書店。

喬治婭・沃恩克著，洪漢鼎譯，2009。《伽達默爾──詮釋學、傳統與眞理》，北京：商務印書館。

陳榮華，2011。《高達美詮釋學：〈眞理與方法〉導讀》，臺北：三民書局。

二、期刊論文

傅永軍，2006。〈傳媒、公共領域與公眾輿論〉，《山東視聽》，1：5-7。

On the Validity of Textual Understanding

Abstract

Textual understanding aims to reach a consensus which bases on the rational justification and be acknowledged by those who participate in the interpretive actions. Consensus reached in textual understanding gives access to the validity that contributes to a shared understanding between interpreters. The participators may change their own standpoints and approach the meaning of the text in terms of validity. So a valid interpretation has no connection with truth. In general, there are two conditions needed to be satisfied to reach the validity of textual understanding, that is "sufficient" and "reasonable", which can also be regarded as the" criterion of reciprocity" in together. By "sufficient", I mean the interpreter's understanding can be supported by well-grounded reasons; and by "reasonable", I mean that the recipient in the process will accept (or deny) a interpretation in terms of reason. The criterion of reciprocity that unites the publicity and validity together and sets up a mutual recognition between the interpreters proves that hermeneutics can not only be regard as a theoretical wisdom but also as a practical wisdom.

Key Words: Interpretation of Meaning, Consensus, Validity, Criterion of Reciprocity, Conversation, Public Reason

職業倫理教育：論有意義的工作

吳澤玫

臺灣大學哲學系助理教授

摘要

　　在職場裡，當職業倫理規範抵觸個人獲利目標時，人們往往缺乏實踐道德行為的動機。本文的目的是透過分析工作的意義，為職場道德動機問題提出解答。研究成果可應用在大專院校職業倫理課程的教學設計，培養學生具備實踐職業道德的意願。

　　本文首先說明工作能帶來的各種報償，並根據亞里斯多德（Aristotle）在《尼各馬可倫理學》（*The Nicomachean Ethics*）裡的主張，分析這些報償跟有意義工作之間的關連。筆者將指出，有意義的工作不能僅以外在報償（金錢、地位和權力）作為唯一或主要的目標，還必須追求其他內在價值。其中，道德滿足是最重要的工作意義來源。它的價值來自道德行為形塑出的自我和社會認知，這可以成為個人願意堅持履行職業倫理的積極動力。

關鍵字：有意義的工作、職業倫理、道德動機、道德滿足、德行倫理學

前 言

一個「虛擬的」職場案例：

畢業後，你的第一份工作是在一家大型食品廠的採購部門任職，負責原料管控。你審核某項產品的食品添加物時發現，它們早已過期，卻仍持續使用。你向主管報告這件事，他說多年來一直都是這樣做，不必大驚小怪。添加物的含量很少，不會對健康造成太大傷害，而節省成本可以提高公司的整體獲利。主管甚至暗示，假設你不肯合作，在原料單蓋核可章，他會給你很差的考績，最後讓你丟掉這份工作。請問：你會選擇怎麼做？為什麼？

在講授吹哨（whistle blowing）的道德問題時，教師在課堂的一開始用這個案例詢問學生。多數人表示自己將保持沉默，配合主管的指示，以求保住工作。雖然說這是虛擬的案例，但類似情境卻在真實職場情境裡不斷上演。以臺灣近年爆發的一連串食安問題為例，從2011年的塑化劑風波到2013年的毒澱粉事件，業者為了降低成本，在食品中使用對人體有害的添加物；2014年，強冠公司混入劣質油品來製作香豬油，並以高於行情的價格販售給多家知名食品廠商；2017年，製作零嘴「蝦味先」的老字號食品廠也爆出使用過期原料的問題。這些事件顯示出商場普遍存在為求獲利，不惜犧牲職業倫理的現象。我們可以合理推測，在這些企業工作的高階主管和員工應該有不少人知道產品使用過期原料或有害添加物，他們應該也都明白這麼做是錯誤的，但多數員工仍選擇遵從指示。這樣的現象對職業倫理教育提出一大警訊：「知道」行為的道德對錯跟「願意實踐」道德行為是兩回事。當「知」與「行」相互分離，那麼職業倫理教育

將徒具形式，無法發揮實際作用。

　　為了強化學生的職業倫理素養，各大專院校都開設了相關課程，教學設計通常是從講授效益主義（utilitarianism）、義務論（deontology）的道德理論出發，輔以實際案例來說明它們用來判斷行為對錯的原則，進而讓學生運用不同道德原則來分析職場兩難案例（朱建民，1996：51-52）。這樣的教學設計有助於學生系統性地了解規範理論和原則，也能訓練思辨推理和應用理論的能力，然而卻無法確保學生未來進入職場後真的願意實踐道德行為。希思（Joseph Heath）指出，在商業倫理中，道德責任的內容（我們應該做什麼？）通常沒有太多爭議，真正的問題在於如何「推動」（motivate）個人去做這些符合道德的行為（Heath 2008：596）。例如，所有人都會同意，在販售的食品裡添加劣質或過期原料是錯誤的。然而，當職業倫理的要求（應該拒絕核可過期原料，並勇於吹哨，揭發公司的不當作法）抵觸個人利益（一旦拒絕就可能丟掉工作）時，人們總不免疑惑：我為什麼應該做有道德的人？（Why should I be moral?）

　　這個問題涉及道德動機（moral motivation），它要問的是：在人性存在相當強大的利己傾向之下，有什麼好理由可以說服個人，總是願意遵守道德規範？訴諸嚴格的執法和外在制裁來落實職業倫理，當然是一種解決辦法，事實上這也是當代社會最常採取的因應措施。但筆者認為，這種外在機制有不足之處。這是因為，無論相關法令或執法再怎麼嚴格，只要能獲取的利益夠大，就有人會抱僥倖心態，嘗試鑽法律漏洞，或訴諸更高明的欺騙手法。因此，我們必須思考是否有其他更具說服力的理由，可促使人們發自內心地自願遵守職業倫理規範。筆者認為，「做有意義的工

作」可以成爲適當的道德動機。[1] 而亞里斯多德（Aristotle）的德行倫理
學（virtue ethics）有助於探索工作的意義跟道德動機之間的關連。

　　本文的目的是透過分析工作的意義，來闡明職場裡的道德動機問
題。研究成果可應用在大專院校職業倫理課程的教學設計，培養學生履
行職業倫理的意願。第貳節首先釐清本文欲探討的「意義」（meaning）
之意涵，並指出探討工作意義問題的重要性。接下來，筆者參考希德柏
洛姆（Jerry Cederblom）和多爾蒂（Charles J. Dougherty）的觀點，把工
作帶來的報償分爲三類：外在報償、內在報償和道德滿足（moral satis-
faction）。外在於工作經驗本身的報償包括金錢、地位和權力；內在於
工作經驗的報償則包括天賦和能力的運用、職場伙伴關係（companion-
ship），以及目的感（sense of purposefulness）的發展（Cederblom and
Dougherty, 1990：274-277）。第參到第伍節分別探討這三類報償對個人
的價值及其跟工作意義之間的關聯。本文將運用亞里斯多德的觀點指出，
各種外在和內在報償儘管有其重要價值，但仍不足以構成完整的工作意
義。道德滿足是有意義工作不可或缺的要素，它的價值來自職場道德行爲
形塑出的自我與社會認知，這可以成爲個人願意堅持履行職業倫理的積極
動力。

---

[1]　筆者並非主張「有意義的工作」是職業道德動機問題的唯一解答。事實上，許多學者提出不同論
　　證，嘗試解決這個問題。例如，拓尼斯（Richard H. Toenjes）根據羅爾斯（John Rawls）和斯坎倫
　　（Thomas Scanlon）的社會契約論主張，來回答職場裡的道德動機問題。參考Toenjes, 2002：60-
　　66.

一、思索有意義的工作

在探討有意義工作的構成要素及其跟道德動機之間的關聯前，必須先釐清這裡談的「意義」指的究竟是什麼？此外，筆者也將指出探討工作的意義問題有何重要性？

（一）工作的「意義」，所指為何？

人類不同於其他生物的獨特之處在於：人會主動探問並追求自己存在與行動的意義。這裡談的「意義」涉及價值層面的探討，意即要討論的是工作能帶來哪些價值。價值包括正面和負面的價值，例如，快樂（pleasure）和滿足感屬於正面價值，痛苦和空虛感則屬於負面價值。對個人來說，當工作能帶來某些正面價值時，就會把它視為有意義的。

針對「意義」所涉及的正面價值，必須做兩點補充。首先，所有價值（包括工作帶來的價值）可區分為內在價值（intrinsic value）和工具價值（instrumental value）。所謂「內在價值」指的是，人們之所以認為擁有該價值的事物是好的，是基於它本身的性質，而非源自其他價值物。相對地，具「工具價值」的事物之所以是好的，理由在於它是追求其他內在價值的有效手段（Pojman and Fieser, 2011：47-48）。例如，快樂不但是正面價值，還是一種內在價值。這是說，人們認為快樂的感受本身就值得追求，不是為了以之獲得其他事物。金錢則被視為工具價值物，因為人之所以想賺更多錢，為的不是那張紙鈔本身，而是要用錢來購買其他想要的東西，得到這些東西讓人感覺更快樂（內在價值），所以金錢只是取得其他內在價值的工具。儘管這兩類價值都可為工作賦予意義，但本文將嘗試證成，工作的較深刻意義來自內在價值。

此外，不同價值可依其「量」的多寡和「質」的重要性進行比較，所

以意義是有程度之別的（Metz, 2013）。例如，當我們說：「A工作比B工作更有意義」時，意思是A工作可以帶來更多或更重要的價值。儘管必須承認，不同價值的加總和比較相當困難，有些價值甚至可能是不可共量的（incommensurable）、因而無法比較，但這不意味著「所有」價值都無法比較。[2] 本文將嘗試證成，在工作帶來的各種報償裡，道德滿足的價值比其他價值更重要。

根據以上對「意義」的說明，我們可以了解到，追求有意義的工作就是希望從事一份能夠帶來更多且更重要的正面價值的職業。在這些價值裡，有些是內在價值，有些則屬於工具價值，並且可以對它們做出比較。釐清了主題的意涵後，我們接下來要問：對個人和企業組織來說，為什麼要從事或提供有意義的工作？以下將從這兩個層面來說明研究此一課題的重要性。

（二）為什麼要追求有意義的工作？

1.個人層面

對個人來說，如果從事的工作不具正面價值，將陷入如同薛西佛斯的神話（The Myth of Sisyphus）裡，主角薛西佛斯面臨的困境：

> 眾神判處薛西佛斯不斷推滾一塊巨石到山頂的刑罰，當石頭被推到山

2　就此而言，筆者反對價值多元主義（value pluralism）的觀點。價值多元主義是對價值的本質結構提出的一種真理性說明，主張道德宇宙中存在多元且相互衝突的各種價值，它們都是同樣客觀且終極的，無法被化約成一個共通的價值尺度。人類沒有能力（也不應該）對各種價值的重要性做出一種適用於所有人的排序。當代支持價值多元主義的學者包括克羅德（George Crowder）、蓋爾斯敦（William A. Galston）和葛雷（John Cray）。價值多元主義不同於政治哲學家談論的合理多元主義（reasonable pluralism）。由於相關理論的優劣並非本文欲探討的重點，所以這裡將不對此進行更多討論。關於價值多元主義和合理多元主義的區分，參考Lynch, 2009：70-71。

頂時便因自身的重量而滾落。基於某種理由，眾神認為沒有比徒勞而無望的工作更可怕的懲罰。……對於這個神話，我們只看到他的身體用盡所有力氣舉起巨石，把它推滾上一個斜坡數百次……在他長久努力的最後，到達目的地了。然後，薛西佛斯看著石頭在幾分鐘之內朝著山下滾落，他必須再從那裡把石頭推向山頂……（Camus, 1955：88-89）。

　　讓薛西佛斯深感痛苦的，主要不是推滾巨石需耗費大量體力，而是他被迫重複相同的勞動，盡一切努力之後卻毫無所成。卡謬（Albert Camus）指出，許多工作者就跟薛西佛斯一樣，終生從事相同的任務，其命運同樣充滿荒謬性（Ibid., 90）。許多上班族患有星期一憂鬱（Monday Blue），因為這天是推巨石上山的日子；在辛苦工作五天後，週末他們得以在山頂暫歇片刻，而後巨石滾落，工作的循環再度開始。他們持續從事如同薛西佛斯推石頭般的輪迴，直到退休為止。

　　在《尼各馬可倫理學》（*The Nicomachean Ethics*, 以下簡稱此書為 NE）[3] 裡，亞里斯多德指出，人類的所有行動都有其目的性，是為了追求某些價值。當我們不斷追問各個目的指向什麼目標，就可推論出終極目的是「幸福」（happiness）。因此，在人追求的各種價值之中，幸福是最高價值。並且，幸福是自足的（self-sufficiency）。這是說，擁有幸福就使得人生值得活，不再缺乏任何東西（NE, I. 7. 1097b）。就此而言，那些患有星期一憂鬱的上班族在職涯裡感覺痛苦且匱乏，活得並不幸福。試想，一個大學畢業生大約23歲進入職場，直到65歲退休，將有超過四十年的時間要工作，並且每天至少有大半時間花在跟工作有關的事務。這段

---

[3]　筆者採用Roger Crisp的英文譯本，參考Aristotle (2010). *Nicomachean Ethics*. 13th. Translated and Edited by Roger Crisp. Cambridge, Mass.: Harvard University Press.

時間可說是人生最精華的時期，假如個人感覺工作毫無價值，那麼這絕非幸福的人生。

此外，從事有意義的工作也跟維繫個人的自尊（self-respect）有關。羅爾斯（John Rawls）指出，如果缺乏獲得有意義工作的機會，將嚴重破壞個人的自尊（Rawls, 1993：lix）。自尊包含兩個面向，一個是自身價值感，覺得自己有價值，也確信各種價值觀和人生計畫值得實行；另一個面向則是對自己有能力去實現設定目標的信心。無論個人追求什麼樣的人生計畫，自尊這種價值都非常重要。因為一旦缺乏自尊，個人會覺得沒有任何事值得去做，或者即使覺得有某些事是有價值的，也會缺乏努力達成它們的意志（Rawls, 1971：440）。有意義的工作跟自尊的這兩個面向都有密切關聯（本文將在第肆和第伍節做進一步的探討），缺乏自尊將難以享有幸福的人生。

根據以上所述，我們可以了解到，由於工作占據人生最精華的歲月和每天的大半時間，有意義的工作是人要擁有幸福不可或缺的要素，因此，所有人都需要思索、進而追求有意義的工作。

2.企業組織層面

提供讓個人感覺有價值的工作，對企業組織也有益。實證研究發現，有意義的工作跟員工的滿意度、工作動力和表現，以及對職業和組織的歸屬感有高度相關性（Michaelson et al., 2014：79）。如果員工認為自己從事的工作缺乏意義，那麼離職率會比較高，而較高的員工流動率將使得企業必須投入更多徵聘資源和教育訓練的成本。就算員工沒有離職，他們也會因為缺乏努力工作的動力而難有較佳的效率和表現，於是使得企業整體產能下降。

相反地，當個人感覺自己的工作極富價值時，便會推動他們更努力

且更有效率地工作。有研究針對負責向大學校友電話募款，以資助學生獎學金的工作者做調查。研究者安排募款人員跟隨機挑選的一位獎學金受惠者面談五分鐘，這使得他們花費在打電話上的時間平均增加142%，每週募得款項的金額平均增加171%，且效果持續至少一個月。若跟受惠者會面一個月，則工作人員平均每週募得的款項將增加411.74-2,083.52美元。訪談結果顯示，跟受惠者接觸使得工作人員知覺到自己帶來有利社會的影響，增強了他們對受惠者的承諾（Ibid., 80-81）。其實，各行各業都有這樣的現象，當員工得到工作成果的回饋，知道他們做的事情為其他人帶來利益時，他們將肯定這份工作的價值，於是有更強的意願和動力投入工作，進而產生更好的成效。

因此，基於有意義的工作跟員工流動率及其工作成果之間的密切關聯，企業組織及其高階管理者也應該關注工作的意義，並且透過適當的任務分配與規劃，提供有意義的工作。[4] 從長期利益的觀點來看，這麼做不但符合企業獲利的目標，也在一定程度上履行了社會責任，進而有助於提升組織形象。

二、外在報償與工作的意義

有意義的工作對個人和企業組織都相當重要，而這樣的意義在於追求某些正面價值。當我們問：「人為了得到什麼而工作？」多數人腦海裡立

---

[4] 鮑伊（Norman E. Bowie）主張，提供有意義的工作是企業及其主管的「道德義務」，因為根據康德（Immanuel Kant）的道德理論，擁有有意義的工作跟個人運用自主性、發展道德能力有關，若把員工的人性視為目的自身，而不是僅作為手段，那麼獲得有意義的工作就是必要的，因此，我們可以提出康德式的根據，支持道德上應要求企業提供這樣的工作。參考Bowie, 1998：1083-1084.

刻浮現的答案是：當然是爲了賺錢！金錢是一種外在於工作經驗的報償，而獲得較高的職級地位、掌握更多權力，也是許多人致力追求的外在報償。以下，筆者將分析金錢、地位和權力可爲個人帶來什麼樣的價值，而後進一步探討，職業倫理教育要如何引導學生體認到，要獲得較深刻的工作意義，僅追求這類外在報償仍不足夠，以之作爲主要目標反而對個人有害。

（一）外在報償的價值

　　無論金錢、地位還是權力，都屬於工具價值，這是說，它們之所以被視爲是好的，是因爲其可帶來其他內在價值（例如快樂或滿足感）。不可否認地，獲取這些外在報償，是多數人投入工作的重要目標。成年以後，個人必須賺錢養活自己或負擔家庭的生活所需，而工作是賺取金錢的主要方法。根據美國心理學家馬斯洛（Abraham Harold Maslow）的需求理論，工作賺取的金錢得以讓人滿足最基本的「生理需求」與「安全需求」。試想，當一個人連三餐溫飽和安穩住居都成問題時，工作對他的意義只能是爲了錢。除了滿足基本需求外，金錢也是讓人能過較爲舒適、愉快的生活所必須的。想在假期出遠門旅遊、享受高品質的音樂表演，甚至要買些好書來閱讀，都需要足夠的金錢。於是，人們願意把許多時間和精力投入工作，以換取更好的物質生活。

　　除了金錢以外，人們也希望在組織裡獲得更高的職位和權力，這能夠讓自己擁有更多主導權和影響力，不但有施展抱負的更大空間，也往往能獲得他人的尊崇。就社會現實面來說，個人選擇的職業及其在組織階層裡的地位和權力，在一定程度上決定了其他人會怎麼看待他，這將影響到個人在工作裡感受到的快樂（Cederblom and Dougherty, 1990：274-275）。因此，人們不會滿足於僅有金錢報償，假設自己努力工作，也有傑出表

現，主管卻不願給予職位晉升或執掌更多權力的機會，將使個人深感挫折，甚至可能萌生離職的念頭。

人們對工作帶來的金錢、地位和權力的高度重視，明顯反映在大學科系的選擇上。在臺灣，每年大學入學錄取成績的校系排名顯示，醫學系、法律系、財務金融等學系幾乎年年榮登榜首。究其原因，倒不是因為多數成績優異的學生都對這些學科特別感興趣，許多人其實是考量畢業後比較容易爭取待遇好、社會地位高的工作。就此而言，各學系的錄取分數儼然就是其對應職業換取外在報償多寡的排行榜。

（二）只有外在報償，為什麼仍不足夠？

儘管事實上有許多人把工作的意義寄託在追求金錢、地位和權力，但我們要問：它們能賦予工作深刻的意義嗎？筆者認為答案是否定的。這是因為，這些外在報償屬於工具價值，人們之所以追求它們，是為了得到快樂。但是以金錢、地位和權力作為工作的主要目標無法讓人獲得穩定且持久的快樂。

亞里斯多德區別「快樂」和「幸福」的不同。快樂涉及愉悅的主觀感受，幸福則主要來自符合德行的行動所展現出的活動（NE, I. 7. 1098a）。儘管幸福是最高價值，但因為快樂是人追求的重要目標，對德行和美好生活也很重要，所以亞里斯多德認為不應該忽視對快樂的探討（NE, X. 1. 1172a）。筆者同意這個觀點。特別是在進行道德教育時，先從多數人都渴望獲得的快樂感受作為切入點，相較於一開始就談涉及道德德行的幸福概念，比較能吸引學生的思考興趣，也能增加結論的說服力。以下提出兩個理由指出，致力於追求外在報償為什麼無助於獲得穩定且持久的快樂。

1. 外在報償對提升快樂僅具有限效力

把工作的目標放在獲得更多金錢、地位和權力無法提供持久的快樂，過度追求這個目標反而會帶來更多不滿足感。以金錢為例，當基本的生理和安全需求尚未獲得滿足時，有更多錢可以讓人換取較好的物質生活和享樂，於是有提升快樂感的作用。然而，當物質生活達到一定程度後，金錢提升快樂的邊際效用就會快速遞減，即快樂的程度將不再隨所得增加而等比例地提高。許多國家（包括臺灣）都有這樣的現象：在經濟不那麼富裕的年代，人民感受到的主觀快樂程度高於社會整體物質生活較富裕的當代。不丹是個明顯的例子：這個小國家之所以受到舉世注目，源於2006年英國的一份調查報告。這份調查顯示，儘管不丹當時的人均國民所得只有1,400美元左右，但有97%的不丹人表示自己很快樂。不丹因此獲得「幸福國度」的美名，吸引大量遊客造訪。觀光收入大幅改善了不丹人的物質生活，許多鄉村地區的家庭甚至擁有四、五輛汽車，但不丹人的快樂感卻持續下降。2011年，由不丹政府進行的國民幸福指數（Gross National Happiness）調查顯示，只有41%的不丹人覺得自己很快樂。根據媒體的報導，當時的總理廷里（Jigmi Thinley）對這個現象的解釋是：富裕帶來更多欲望，使得越來越多人背離傳統價值觀，整個國家則逐漸走向物質掛帥。[5] 擁有更多錢、享有更富足的物質生活反而讓不丹人離快樂更遠。

要如何解釋物質富裕為什麼無法帶來快樂呢？一個可能原因是，致力

---

[5] 媒體報導引述自陳韻涵（2012）。〈富裕帶來欲望 不丹不再幸福〉，2012年5月19日。《聯合報》。不丹人民的主觀幸福感近年仍持續下降，根據聯合國2017年公布的《全球幸福指數報告》（*World Happiness Report*），在155個國家裡，不丹人的幸福指數已落居第97位。參考http://world-happiness.report/ 必須澄清的是，除了物質欲望的不滿足外，不丹人普遍變得比較不快樂還有其他原因，本文的論點並不意味著廷里提到的這個理由是唯一因素。

於追求外在報償，將使得個人疏離於工作，於是使得整體生活的快樂感下降。吉爾基（Langdon Gilkey）指出，工作和生活有著一種相互性關係：唯有當人工作，他才能生活下去，但唯有當他做的工作是富成效且有意義的，他才能忍受因為工作而成為可能的生活。人們通常無法滿足於只把工作看成有用和必要的。如果以這樣的方式來體驗工作，可能會把自己描述成疏離而非投入其中的（引述自Meilaender 2000：1）。當人跟工作相互分離，就會陷入馬克斯（Karl Marx）所說的「異化」（alienation）狀態：工作外在於人的自我實現，也不是構成其本性的一部份，所以他缺乏對工作的活動本身、產物與接觸到的人的認同，疏離於這些人事物最終將使得人疏離於自我（Martin, 2007：292-293）。由於個人無法在工作裡呈現並實現真實的自我，因此感覺更不快樂。

此外，就算得到各種外在報償讓人感覺快樂，但由於這樣的感受無關於工作本身，所以並不持久。例如，我們看到許多人為了賺更多錢而拼命工作、超時加班，最後累積了滿滿的疲憊與憤怒。為了撫平負面情緒，他們把賺來的錢拿來血拼購物、出國旅遊，以重拾快樂的心情。但問題是，購物和旅遊僅有短暫的撫慰效果，一旦重返工作，他們將再度陷入不愉快的情緒之中。若此，則賺取更多金錢無助於維繫持久的快樂感受。

最後，金錢、地位和權力這類工具價值物有一個特徵：它們可以不斷增加或提昇，無論已擁有多少，人永遠可以要更多。希德柏洛姆和多爾蒂指出，當個人在工作裡只把焦點放在追求外在報償，將無法逃離薛西佛斯的困境。因為在得到一些錢和榮耀後，人又會再次開始推石頭，想要得到更多，像是終生徒刑（Cederblom and Dougherty, 1990：294）。因此，我們可以說，當工作的唯一目標只是為了賺錢、享有更高地位和權力，那麼這樣的追求就像無底洞，永遠無法讓人滿足，這種匱乏感將使自己遠離快樂。

2. 對外在報償的無止盡追求可能誘使人違法犯紀

更嚴重的問題是，對外在報償的強烈欲望很可能讓人鋌而走險，做出違法行為，這將導致快樂的喪失。這是因為，金錢、地位和權力這些工具價值物還有另一個特徵：一個人的獲得就意味著另一人失去，當其他人得到越多金錢或權力，你能得到的就越少。因此，過度看重外在報償將因人際之間的比較而導致競爭性的生活。為了勝過其他人，個人可能不惜冒險以違法方式獲利。

博斯基（Ivan Boesky）是個典型的例子：他曾是華爾街有名的套利交易高手，專門收購即將被併購企業的股票，等併購案成立或股票價格上漲時再出售持股。精準的投資眼光和操作技巧讓他迅速致富，擁有超過一億美元的財富。1992年，博斯基因內線交易案遭判刑入獄。許多人好奇，他這麼有錢，為什麼要為幾百萬元鋌而走險？當時已跟博斯基分居的妻子在接受訪問時談到，丈夫一週七天都在工作，從不休假。她還記得博斯基在1982年首度被《富比士雜誌》（Forbes）列入美國富豪排行榜時，他顯得很不高興，原因是自己僅位居排行榜後段，感覺很丟臉，表示會努力爭取更高排名（Singer, 1995：1, 207）。對博斯基來說，工作的目的不只是賺錢，還要賺得比其他人多。這樣的比較心態使他不顧金融倫理規範，以違法手段獲利。在臺灣也不乏類似的案例，例如，味全企業前董事長魏應充和強冠公司董事長葉文祥都因產品食安問題而遭判刑。他們因此損失的不只是個人的自由，還失去了身邊親友和社會大眾的信任與尊重。即使出獄後仍能維持物質富裕的生活，但缺乏他人的肯定，便難以維繫真實的快樂。

或許有人會質疑，被抓到的只是少數，有更多違反職業倫理的人仍然逍遙法外，沒有遭受法律制裁。問題是，這些人終生得提心吊膽地過生活，必須採取各種防範措施避免違法行為曝光。羅爾斯指出，對那些違反

共享道德觀的人來說，儘管欺騙和偽善或許不會讓他們感覺困擾，但他們必須付出相當高的心理代價，並承受個人自發行動和自然性格方面的損失，這並不符合個人長期的理性利益（Rawls, 1971：570）。我們不難想像，這樣的生活絕非真正快樂的。

必須澄清的是，筆者並非主張金錢、地位和權力毫無價值。它們的確能讓人滿足基本的物質需求，也能帶來一定程度的快樂感受。但重點在於，如果希望獲得穩定且持久的快樂，我們就不能以追求外在報償作為工作唯一或主要的目標，必須尋求其他方式來看待工作的價值。

社會學家貝拉（Robert N. Bellah）等學者把人們看待工作的方式分為三類，不同態度將影響個人感受到的價值。第一種是把工作看成一份「差事」（job），工作只是賺錢和過生活的手段，個人透過工作帶來的經濟利益、安全和錢能買到的東西來支持自我。第二種態度是把工作看成「事業」（career），也就是將之視為個人取得各種成就的進展軌跡，自我是由較廣泛的成功和擴展能力的感覺來界定。最後，能帶給個人最強烈意義感的是把工作看成「召喚」（calling），它構成各種活動和性格的實踐理想，使得個人的工作跟生活在道德上無法分離，且把個人跟社群連結起來（Bellah et al., 1985：66）。根據前述的分析，我們了解到，把工作視為僅是為了賺錢的「差事」，或雖然視為「事業」，但僅將之了解成是為了取得地位和權力方面的成功，都無法為個人帶來穩定持久的快樂。若要讓工作更有價值，甚至成為極富意義的召喚，我們必須追求工作能帶來的其他價值。

三、內在報償與工作的意義

工作的經驗裡能夠帶來的內在報償包括天賦和能力的運用、良好的職場伙伴關係，以及目的感的發展。以下將分別說明這三種報償為個人帶來的正面價值，並進一步探討它們跟有意義工作之間的關連。

（一）天賦和能力的運用

工作要成為一種極富意義的召喚，光靠個人有想要從事特定職業的欲望仍不足夠，還要求特定的天賦和能力（Novak, 2000：124）。例如，職業運動員要在工作裡感受到深刻的價值，必須擁有相關的卓越能力，足以勝任競技的挑戰。卓越的能力有些來自天賦資質，有些則依靠後天的努力訓練。人們享受於運用天賦，更會嘗試精進專業能力，而工作可以提供這樣的機會。就此而言，人類行為的動機符合羅爾斯所謂的「亞里斯多德式的原則」（Aristotelian principle），即「人類享受於運用他們已實現的能力（他們天生的或經訓練而得的能力），而這樣的愉悅感會隨著該能力實現得越多或它的複雜性變得越大而增加」。如果有兩件事都能做得一樣好，那麼人會偏好去做其中要求較困難且複雜能力的活動（Rawls, 1971：426）。[6]例如，要一個頂尖的電腦工程師設計基礎運算軟體，他可以輕而易舉地完成任務，但卻會覺得很無趣，缺乏投入工作的熱情。但假設今天是要他撰寫足以打敗棋王的人工智慧程式，且憑他的能力有可能完成，那麼這將激發他持續精進程式撰寫技巧的動力，也會在過程中感受到極大的滿足感。亞里斯多德式的原則可以說明人為什麼容易受到較困難事

6　羅爾斯指出，他是從亞里斯多德的《尼各馬可倫理學》裡談論幸福、各種活動和人得到的愉悅感之間關係的主張，提出這個原則。但因為亞里斯多德只是隱然地提到，沒有明確提出這樣的原則，所以羅爾斯把它稱為亞里斯多德式的原則。參考Rawls, 1971：426. note 20.

務的吸引，以及為什麼願意忍受辛苦的學習和訓練，努力發展出更多且更複雜的能力。

天賦和能力的運用對個人的價值來自其可提升自尊的兩個面向。工作中的能力發揮不但增加了對自己能力的信心，個人也將對自身價值擁有更多自信。此外，更複雜、卓越的能力展現還能獲得他人的讚賞，肯定其工作成果的價值（Ibid., 440-441）。能力的發展和運用帶來的滿足感和自尊的價值本身就值得追求。對許多專業人士來說，這樣的內在價值在動機的推動力方面更勝於工作帶來的外在報償。

經驗研究證實了亞里斯多德式原則引伸出的觀點：在工作中涉及的技能變化性跟人們知覺到的意義有關。若能使用一個範圍內的各種能力，會讓人感覺到更豐富的工作意義（Michaelson et al., 2014：80）。由此反觀薛西佛斯的神話，我們可以說，由於推滾巨石只需要單純運用體力，所以很難讓薛西佛斯從中獲得滿足感。假設他必須像專業舉重選手一樣，運用更複雜的推動技巧或策略才能達成任務，那麼他比較可能感受到重複推石頭的活動有什麼意義。

在工作裡運用更複雜的技能，或讓已具備的天賦獲得更大發揮，個人將可能感受到心理學家齊克森米哈里（Mihaly Csikszentmihalyi）所說的「心流」（flow）體驗。在這樣的狀態裡，個人完全投入在從事的活動當中，其他事務似乎再也不重要。這樣的經驗本身帶給人極大的喜悅，讓人樂此不疲（Csikszentmihalyi, 1990：4）。許多職業達人都曾描述這樣的心流體驗：工作時他們忘記時間和空間，也沒有感覺到身體和心力上的負荷，只是完全投入在工作的活動本身，並從中獲得深刻的滿足感。

（二）職場伙伴關係

工作能為個人帶來的另一種內在報償涉及社會性的關係，即跟上司、

部屬或同事之間的良好伙伴情誼。當代多數工作都有賴團隊合作，工作組織把人們聚在一起，在共同達成任務的過程裡互動交流，逐漸形成友誼。希德柏洛姆和多爾蒂指出，這呈現出人的工作跟薛西佛斯推石頭的一個重要差別：薛西佛斯獨自推石頭，而人卻是跟其他人一起工作。薛西佛斯可以從努力中得到的只是屬於私人的意義，無法跟其他人分享；但人可以跟職場伙伴一起創造有價值的產出，也從他們那裡獲得讚美與支持（Cederblom and Dougherty, 1990：294-295）。我們可以觀察到，許多人即使無法從工作獲得較高的外在報償或專業能力的發展，仍可在跟同事的互動與人際交流裡獲得愉快的感受。這樣的社會性關係讓個人得以實現馬斯洛需求理論中較高階的「社交需求」與「尊重需求」，為工作帶來較豐富的價值。

此外，良好的伙伴關係也有助於提升個人的自尊。因為隸屬於一個企業組織，也獲得職場伙伴的欣賞與認可，能增強個人的自我價值感。此外，團隊合作可以降低失敗的可能，即使失敗也能得到安慰，這提供了個人抵抗自我懷疑的支持力量。因此，良好的職場伙伴關係能夠強化自尊的兩個面向，對個人具有重要的價值（Rawls, 1971：441）。如何跟上司、同事和部屬建立良好互動，是職業倫理教育的重要課題之一。人不但在群體中工作，他的喜怒哀樂也跟共事的伙伴息息相關，若能體認到職場伙伴關係跟工作意義的關連，將能使得人們更願意以合作而非惡性競爭的態度，來面對工作組織裡的其他人。

（三）目的感的發展

任何工作都有其目的性，目標在於產生或完成某件事。假設人們在自己從事的任務裡清楚看到特定目標，通常會覺得比較開心。當達成目標時，則會產生滿足感。相反地，如果看不到值得達成的目標，會讓人深感

挫折。在前文提到三種看待工作的態度裡，把工作當成「差事」的人常抱怨看不見目的，而把工作看成「事業」的人比較能感受到明確的目的性，認為工作中從事的活動或達成的成就逐步促進了自己的長期目標。最後，被視為「召喚」的工作最具目的性，典型的例子是跟宗教有關的職業（例如牧師）。但即使不涉及宗教信仰，許多人仍可在工作裡感受到強烈的目的性。他們為工作投入特殊心力，而且覺得自己是唯一適合它的（Cederblom and Dougherty, 1990：275-276）。對目的性的感受越強烈，個人會覺得工作越有意義。

諾瓦克（Michael Novak）指出，人有不同的天賦和興趣，所以什麼樣的工作會產生這種如同召喚般的意義感，每個人都不相同。然而，把工作看成召喚的人都熱愛著跟工作有關的一切：不只喜歡最後的成果，也享受於工作包含的長時間投入、甚至是挫折與掙扎（Novak, 2000：124）。例如，許多偉大的運動員都曾表示，他們從很小的時候就感覺自己非常渴望投入特定運動，在業餘和職業生涯的每個階段都感受到強烈的目的性。這使得他們就算要忍受枯燥且辛苦的訓練，承受競爭的巨大壓力，都不會因此退卻，反而樂於反覆練習，也享受於比賽的過程。在一份被視為召喚的工作裡，人們將感受到最豐富的價值。

由於工作占去人一生最精華的大段時間，從目的感這個面向來看，若個人感覺自己從事的是毫無目的性的差事，將很難感受到自我和工作的價值。就像在薛西佛斯的神話裡，重複推巨石卻一無所成，使得薛西佛斯無法感受到任何目的性，只感覺挫折和痛苦。但人的工作不同於薛西佛斯推石頭：任何工作都有產出，它可能是有形的產品，也可以是勞務服務。因此，人的工作不會毫無目的性。如果能根據自己的興趣和能力，從事一份適合自己，也具獨特目的性的工作，將可從中得到深刻的滿足。

綜合以上談到的三種內在報償，我們可以說，假設工作有助於個人

發揮天賦和能力、享有良好的職場伙伴關係，也能讓人感受到明確的目的性，就能讓人感受到工作的更豐富價值。[7] 儘管這些報償都是重要的內在價值，但問題是，它們跟履行職業倫理的動機沒有必然關聯。因為一個違反職業規範的人（例如在本文一開始舉的案例裡，長期使用過期添加物的食品業主管）仍可能在工作裡展現其天賦和能力（他需要運用複雜的化工知識和精湛的管理技巧）、感受到工作的獨特目的性（他打算累積更多能力、經驗和人脈後，將來開一家自己的食品工廠），且跟同事、上司和部屬建立良好的伙伴情誼。假設這個人在主觀感受上覺得自己的工作很有價值，是否意味著就算從事違反職業倫理的行為，這份工作仍是最富意義的召喚呢？

對此，答案是否定的。貝拉等學者指出，作為召喚的工作不僅只是追求私人性的目的。這樣的工作把個人跟較大的社群連結起來，有助於所有人的福祉，於是必然有道德的面向（Bellah et al., 1985：66; Martin, 2000：28）。這也就是說，違反職業倫理的工作最多只是有助達成個人長期目標的事業，絕非最富意義感的召喚，因為它缺乏道德性。以下將探討「道德滿足」為個人帶來的價值，以及它跟有意義工作之間的關連。

四、道德滿足與工作的意義

（一）道德滿足有何價值？

許多人相信，道德和獲利的目標可以是一致的。於是，在回答「我為

---

[7] 齊克森米哈里的研究發現，儘管多數人表示自己喜愛休閒更勝於工作，但工作時產生心流體驗的頻率卻遠高於休閒放鬆的時刻。參考Csikszentmihalyi, 1990：157-159. 筆者認為，這樣的現象可能跟多數工作比起休閒活動具有較明確的目的性，且需要運用比較複雜的技能、從事較困難或更具挑戰的活動有關。

什麼應該遵守職業倫理規範」這個問題時，他們將訴諸道德和理性利益之間的關連：依道德要求行事，長期可以為個人和企業組織帶來較大利益。例如，如果食品廠的負責人願意誠實經營，使用真材實料、拒絕在產品裡添加有害物質，那麼就可以為公司贏得良好商譽。消費者於是更願意購買其產品，最後可以創造更好的銷售業績。俗語說「誠實為上策」，指的就是道德行為能帶來長期利益。但問題是，道德不能永遠保證獲利，在商業情境裡經常出現二者發生衝突的情況。克拉克（Ralph W Clark）和賴托（Alice Darnell Lattal）指出，如果一個人是因為誠實能夠獲利才誠實，那麼一旦面臨激烈的競爭，他就很可能會為了獲利而放棄誠實（Clark and Lattal, 1993：24）。因此，要培養願意堅持履行職業倫理的動機，就不能把道德視為只是達成外在報償的手段，而必須體認到道德本身就有價值且值得追求。要確立這種道德動機，關鍵在於認識「道德滿足」是一種內在價值，它是幸福不可或缺的要素。

　　儘管亞里斯多德不否認「快樂」是本身有價值的，但他認為美好人生是由「幸福」這種最高價值構成。幸福跟德行有著密切關聯，德行指的是性格上的良好氣質傾向，例如誠實、正義等是跟道德有關的德行，擁有各種德行才能獲得幸福。更重要的是，對亞里斯多德來說，德行不能僅存在於內心，還必須展現在行動中。他指出，一個永遠在沉睡中的人談不上是幸福的，幸福是一種活動，必須把德行付諸實行（NE, I. 8. 1099a）。「道德滿足」就是個人嘗試去做符合道德的行為所產生的，一種因為去做對的事而得到的愉悅感受（Cederblom and Dougherty, 1990：276）。例如，假設食品廠主管雖然知道使用過期原料可以提高銷售淨利，讓自己得到高層肯定與職位晉升，而且被查獲的機會不大，但他拒絕這麼做。雖然可能因此失去其他報償（地位和權力、職涯的長期目標），但他知道自己做的是對的事，將得到愉悅的滿足感。

　　儘管幸福不同於快樂，但亞里斯多德認為，積極展現德行的生活本身就是快樂的，所以幸福的人也是快樂的。因為快樂是靈魂（心理狀態）的習慣，當某個人喜歡某事物時，該事物就可以帶給他快樂。就像一個愛馬的人可以在馬身上感受到快樂一樣，正義的行為可以帶給愛正義的人快樂，符合德行的行為則可帶給熱愛德行的人快樂（NE, I. 8. 1099a）。根據這樣的觀點，我們可以說，履行職業倫理帶來的道德滿足就跟快樂一樣，也是一種本身就值得追求的內在價值。那些堅持實踐道德行為的人不是「為了得到道德滿足」才採取行動，而是去做自己認為應該做的事，行動後將伴隨產生快樂和滿足感。

　　人們或許會同意道德滿足是一種內在價值，但可能會質疑，它是有意義工作的必要條件嗎？誠如前文談到的，天賦和能力的運用、職場裡的良好伙伴關係和基於個人職涯長期目標的目的性都是工作可以帶來的內在價值，只要工作者主觀覺得這些價值已經足夠，似乎就無須加入道德滿足這個要素。[8]對此，我們可以根據亞里斯多德的觀點來回應這項質疑。[9]

---

[8]　這個問題牽涉到主觀論（subjectivism）和客觀論（objectivism）之間的爭論。在意義問題方面，主觀論者主張沒有不變的意義標準，因為意義相對於主體，取決於個人的欲望、目的和選擇。客觀論者則主張有不變的意義標準，因為意義獨立於心靈，某些事物基於它的內在本性就有意義，無論是否有人相信它是有價值的。對此，筆者認為馬丁（Mike W. Martin）的觀點比較合理，他主張意義兼具主觀和客觀的面向。馬丁指出，作為主觀的，它指的是一種意義感（sense of meaning），即感覺自己從事的活動、建立的關係是有價值的一種活躍態度。作為客觀的，它則涉及某些可被證成的價值，最終涉及到本質上有價值的，值得關注的對象。筆者認為，事物的價值不像主觀論者所說，「只」取決於個人的欲望和選擇，否則只要薛西佛斯渴望重複推石頭，這項任務就有意義，但這顯然讓人難以接受。然而，事物的價值也不像純粹的客觀論者所說，完全獨立於人的心靈，因為若缺乏主體的感受和認可，談論事物的價值是空洞的。因此，筆者採取溫和客觀論的立場，主張有某些事物具有客觀價值，而這樣的價值通常能獲得個人的認同。本文嘗試證成，道德滿足就是具客觀價值的一個例子。參考Metz, 2013；Martin, 2000：29.

[9]　在《尼各馬可倫理學》裡，亞里斯多德透過「功能」（function）的概念，來論證唯有履行道德德行，才能得到人的最高價值——幸福，學者一般將之稱為「功能論證」。由於這個論證涉及亞里斯多德對靈魂以及人的本質所採取的形上學觀點，而這些觀點較具爭議，不容易說服所有人。因此，本文訴諸亞里斯多德的其他觀點來進行論證。關於功能論證，參考NE, I. 7.

　　亞里斯多德承認，人的幸福需要適度的外在價值物，包括朋友、財富、政治權力、良好的出身等，因為缺乏這些資源，就很難去做道德高尚的行動（NE, I. 8. 1099a-1099b）。能否獲得這些外在價值物可能得靠運氣，但履行符合德行的活動則能依靠個人長久維持，因此是實現幸福的最穩定要素（NE, I. 10. 1100b）。這個道理不難理解，因為儘管我們可以努力爭取友誼、財富和政治權力，但這些並非個人可以完全掌控的。假設運氣不好，再怎麼努力可能仍舊得不到，或者即使得到了也隨時可能失去。然而，任何人都可以決定自己要不要做個有道德的人，是否要在生活和工作裡實踐道德行為。此外，道德德行不像科學知識或語言學習一樣，會因久未練習而遺忘。一旦養成各種道德德行，它們就會內化為持續推動行動的積極動力，所以較為持久。因此，儘管履行道德行為無法保證幸福（因為幸福仍需要適當的外在價值物），但它是實現幸福最穩定的要素，跟個人的幸福有著最密切的關聯。

　　不過，有些人可能仍不滿意，質疑上述觀點過於理想化，違反人性。他們會說，只要看看那些揭發組織弊端的吹哨者落得什麼下場，就會知道道德滿足根本就不值得追求。在許多揭弊案件裡，吹哨者身份曝光後被公司調到較差職務、遭同事排擠，甚至丟掉工作。那麼堅守職業倫理對個人究竟有什麼價值？以下，筆者將從履行職業倫理行為對自我和社會認知的形塑，來回應這個質疑。

1.個人在工作中的行為形塑良好自我認知

　　相較於義務論和效益主義者致力找尋判斷行為對錯的道德原則，德行倫理學家則把關注的焦點放在「人」身上。他們相信，一個有德者將會發自內心地去實踐道德行為。因此，道德教育的目標應該著重培養德行，而不是教導行為的道德原則。要培養道德德行，每個人首先必須深思的重要

課題是：「我應該成爲什麼樣的人？」

　　把德行倫理學的這個觀點運用在思考工作的意義，那麼個人必須自問：工作讓「我」成爲什麼樣的人？希德柏洛姆和多爾蒂指出，在薛西佛斯的神話裡，人們似乎把注意力都放在薛西佛斯做了「什麼」（推滾巨石）。然而，人的工作的重要價值在於我們「如何」做自己在做的事，這會影響個人如何看待自己。當我們把注意力從工作的「什麼」轉向工作的「如何」，就會把關注焦點從工作轉向工作者。工作的重要產物是你讓自己成爲什麼人，由此形塑出的自我將決定工作的意義（Cederblom and Dougherty, 1990：295）。貝拉等學者也在實證研究裡觀察到，無論人們如何定義工作，它都跟個人的自我感有關。我們「做」什麼（what we "do"）通常會轉換成我們「是」什麼（what we "are"）（Bellah et al., 1985：66）。也就是說，在工作裡做的行爲是道德上對或錯的，將影響個人的自我認知。就此而言，道德行爲跟自我價值感有密切關連。對那些勇敢揭弊卻遭報復解職的吹哨者來說，他明白自己損失了外在報償，但堅持履行職業倫理讓他認同自己是（或成爲）有價值的人。至於那些違反職業倫理的人，他很清楚自己的獲利是以犧牲他人福祉作爲代價，逐年累月下來就很難對自己形成良好的自我認知。

　　此外，亞里斯多德提醒我們，幸福要從完整一生來評估。一種值得過的幸福生活是依據最完滿的德行而活，擁有適當程度的外在價值物，且終生都持續從事符合德行的活動。如果只持續一天或短暫期間，不是眞正的幸福（NE, I. 7. 1098a）。因此，我們不能只看單一事件的結果，而要從長期整體生活的角度來評估道德和幸福的關係。[10] 就此而言，因揭弊而丟

---

[10] 對於什麼構成有意義的人生，學者們雖持不同觀點，但有一個基本共識：道德的生活是使得生命有意義的一個重要部分。參考Michaelson, 2014：84.

掉工作的吹哨者將可重新看待結果：從完整一生來看，留在一家不顧職業倫理的公司工作，對自己絕非好事。他仍有其他工作選擇，即使賺的錢沒那麼多，但投效正派經營的公司可以工作得更愉快，也可以讓自己繼續做個好人。

由於履行道德行為可以形塑良好的自我價值感，有助於提升自尊，且能在長期的整體生活裡享有幸福，所以道德滿足構成工作的深刻意義。

2.眾人在工作中的行為形塑美好社會

人的工作和薛西佛斯的工作還有一個重要差別，也可以說明道德滿足的價值。前文提到，個人的工作的一個重要產物是對自我認知之形塑，那麼人們一起工作的重要產物將可形塑出他們對社會整體的認知。希德柏洛姆和多爾蒂指出，我們做什麼樣的工作，創造出我們的社群成為什麼模樣。薛西佛斯的工作缺乏社群的脈絡，無關於他人的幸與不幸，也無法讓社會變得更好、更公平，但人的工作卻可以。所有人都是社群的一份子，我們在工作中的作為共同形塑了社會以及它的未來（Cederblom and Dougherty, 1990：295）。以食品安全問題為例，臺灣過去一直以「美食王國」著稱，有極高的外銷食品需求，也吸引許多外國旅客慕名前來，親自品嚐。國人莫不以此美名而自豪。然而，一連串的食安風波使得食品包裝上的「Made in Taiwan」字樣不再被視為品質的保證，不但國人吃得不安心，外銷量也大幅下滑，甚至落得美食「亡」國的嘲諷。這樣的負面評價不能僅歸咎於單一業者，必須由整個食品產業，包括該產業裡的所有工作者共同承擔。

人對社群整體的認知構成其社會自我，這是由所有人共同創造出來的。要建立良好的社會自我感，有賴各行各業對職業倫理的堅持。就此而言，個人堅守職業倫理的另一股動力，來自生活在美好社會的欲望，而履

行道德行為將形塑出社會的美好樣貌，二者形成正向循環。良好的社會自我感讓人以自己歸屬的社群為榮，也活得更幸福，因此，工作提供的道德滿足對個人和社會都有重要的價值。

根據以上所述，我們可以了解到，履行職業倫理規範所獲得的道德滿足，其價值來自形塑個人對自我和對社會的認知。它讓人覺得自己是有價值的好人，也共同創造了更美好的社會。因此，儘管堅守職業倫理無法保證一定能獲得更多外在報償，在某些情況下（例如揭發組織弊端）甚至可能危及工作機會，損失金錢、地位和權力，但若能認識到道德滿足的深刻價值，將使得人們願意堅持做對的事。基於道德滿足的重要性，我們接下來要進一步探討如何獲得這樣的工作意義。

（二）在工作中建立跟廣泛對象的適當道德關係

前文曾提到，人的工作是社會性的——人們不但一起工作，且透過工作中的行為共同創造出社會的樣貌。開創「意義療法」（logotherapy）的心理學家法蘭可（Viktor Frankl）曾說：

> 工作通常代表著一種場域，在其中個人的獨特性跟社會發生關係，且於是獲得了意義與價值。然而，這樣的意義與價值歸屬於個人作為對社會的貢獻之工作，而不是實際的職業本身（Frankl, 1973：118）。

這是說，工作帶來的價值跟從事哪種職業無關，主要來自是否對社會有益。在這種社會性的意涵下，工作的意義跟它能否促進眾人（不只是自己和親友）的福祉有關。[11] 筆者認為，這樣的貢獻不僅來自工作生產出的

---

[11] 根據法蘭可的觀點以及前述談到履行職業倫理的價值在於形塑良好的自我認知與社會認知，可說

產品或提供的服務帶給其他人的直接助益，更來自個人如何在工作中，建立與他人之間的適當道德關係。

我們可以根據康德（Immanuel Kant）提出的定言令式（categorical imperative）的「目的自身形式」主張，來說明職業倫理涉及的這種道德關係。康德認為，人的存在本身就有絕對的價值，無論對待自己或他人，都不能將之視為只是達成其他目的之手段，永遠都要把人當成目的，也就是要當成擁有尊嚴和絕對價值的存有者（Kant, 1996：78-80）。那些在食品裡混充劣質原料的業者，是把消費者當成只是讓自己賺更多錢的手段。相反地，如果以符合目的自身形式要求的方式來待人，那麼業者會竭盡所能地確保食品品質。這麼做不但是尊重消費者擁有跟自己一樣的價值，免於被欺騙，同時也是肯定自己做為道德行為者的尊嚴。[12] 透過履行職業倫理，個人就跟其他人建立了道德上的適當關係。

事實上，道德關係涉及的對象不僅限於人類，還包括其他存有。有許多職業跟動物和環境有關，若要建立跟這些存有之間的適當道德關係，那麼工作裡的活動選擇就不能僅依據人類中心主義（anthropocentrism）的觀點，還必須考量動物權利和環境本身的價值。馬丁（Mike W. Martin）把這樣的動機稱為道德關懷（moral concern），其關心和尊重的對象除了人，還包括各種社會實作、組織、動物和環境，並且這是一種想要促進這些對象本身利益的欲望（Martin, 2000：viii, 23）。從這種廣義的角度來理解職業倫理，那麼道德滿足不僅來自遵守道德規範，更包含我們如何在

明從事危害他人的行業（例如幫派份子向商家勒索保護費）或者假借行善之名，行斂財詐欺之實的工作，為什麼沒有價值。因為這些工作不但無助於維繫自我價值、創造美好社會，還會使得其他人過得更不好。感謝本文的一位審查人提供建議，讓筆者能進行更廣泛的思考。

12 鮑伊指出，根據康德的目的自身形式，有意義的工作的一個重要特徵是：它能夠支持個人的道德發展。參考Browie, 1998：1087.

工作裡，積極建立與他人和其他存有之間的適當道德關係，這可以讓工作的意義更為豐富。

心理學家塞利格曼（Martin Seligman）證實了這樣的觀點。他針對主觀意義感的研究發現，有意義的人生包含了對某種較大事物的歸屬感。並且，這樣的意義感跟認同與歸屬的事物範圍有正相關（Seligman, 2002：14）。就此而言，當人們能夠擴大工作所追求的目的性，從「自己」往外延伸到陌生人，甚至包含動物和環境時，這種更大的目的性將能讓工作有機會成為極富意義的召喚。

佩塔可斯（Alex Pattakos）認為，愛與良知是推動個人追求這種真實意義的兩大動力。例如，農夫用有機的方式栽種蔬菜，不噴灑農藥，為的是提供消費者更健康的食物。心理師跟人晤談，協助他們更有效地因應壓力。企業家在維持組織獲利的同時，也重視海外工作者的公平薪資問題。「當我們看到世界是以這種方式連結時，我們就可以說出『為什麼』這樣做，也知道了這有什麼意義」（Pattakos, 2009：87-88）。這樣做的理由來自工作讓自己接觸或服務的對象活得更好，也讓這個世界變得更好，這讓人感受到強烈的價值。

或許不是每個人都能幸運地找到一份外在報償豐厚、職場伙伴關係良好，且得以讓個人充分發揮天賦和能力的工作。但從道德滿足這個面向來看，無論從事哪種職業，所有工作都會跟其他人或存有的福祉產生關連，當個人願意堅守職業倫理，並以實際行動建立適當道德關係時，所有工作都可以充滿意義。

五、結論

　　儘管多數人投入工作的動力通常是為了獲得金錢、地位和權力，但本文指出，這些工具價值僅是有意義工作的必要條件。若將它們視為主要目標，不但無法讓人得到穩定持久的快樂感，更可能導致違反職業道德、因而陷入失去自由和他人尊敬的困境。要從事有意義的工作，我們必須選擇一份能夠發揮天賦和能力的工作，並且跟同事、主管建立良好的伙伴關係。此外，適當的目的感能夠賦予工作更豐富的意義，而這樣的目的性包含的關懷範圍越大，越能感受到自己的工作對他人和其他存有帶來的價值。這種擴展了的目的性帶領我們看到工作的道德向度——道德滿足，這是意義感的重要來源。

　　要回答職場道德動機的問題，無須假設道德和自利必然相互衝突，彷彿遵守職業倫理規範必然損害個人利益。只是，我們不能狹窄地理解個人利益，把它等同於物質利益，而要從更寬廣、長遠的角度看待自利。誠如辛格所說，過合乎倫理的生活是讓自己認同其他人，也認同較大目標，這樣的生活是一種開明的利己（enlightened self-interest）（Singer, 1995：18-21）。從這樣的角度來思考，我們就不會把堅持職業倫理所失去的外在報償視為犧牲和損失，而能體認到其帶來的自我價值感，以及眾人共同創造更美好社會的價值。道德滿足於是把個人幸福和職業倫理關連起來，促使人們發自內心，願意堅持遵守道德規範。

　　在薛西佛斯的神話裡，推滾巨石是薛西佛斯不得不接受的懲罰，但他仍有意志上的自由，可以選擇要用什麼樣的態度來面對自己的命運。同樣地，人也可以選擇要以什麼樣的態度來面對工作以及接觸到的人事物。更重要的是，從工作的三種內在報償和道德滿足來看，人的工作都極不同於薛西佛斯推石頭。要創造有意義的工作，取決於個人的選擇與行為實踐。

參考文獻

一、專書

Aristotle (2010). *Nicomachean Ethics*. 13th ed. Roger Crisp (trans. and ed.). Cambridge, Mass.: Harvard University Press.

Bellah, Robert N., Madsen, Richard., Sullivan, William M., et al. (1985). Habits of the Heart: Individualism and Commitment in American Life. Berkeley: University of California Press.

Camus, Albert (1955). *The Myth of Sisyphus.* The Myth of Sisyphus: and Other Essays (88-91). Justin O'Brien (trans.). New York: Alfred A. Knopf.

Cederblom, Jerry., Dougherty, Charles J. (1990). *Ethics at Work.* Belmont, Calif.: Wadsworth Publishing Company.

Clark, Ralph W., Lattal, Alice Darnell (1993). *Workplace Ethics: Winning the Integrity Revolution.* Lanham, Md.: Rowman & Littlefield Publishers.

Csikszentmihalyi, Mihaly (1990). *Flow:* The Psychology of Optimal Experience. New York: Harper & Row.

Frankl, Viktor E. (1973). *The Doctor and the Soul*: From Psychotherapy to Logotherapy. New York: Vintage Books.

Heath, Joseph (2008). "Business Ethics and Moral Motivation: A Criminological Perspective." Journal of Business Ethics, 83, 4: 595-614.

Kant, Immanuel (1996). *Groundwork of the Metaphysics of Morals.* Practical Philosophy (37-108). Mary J. Gregor (trans. and ed.). Cambridge; New York: Cambridge University Press.

Lynch, Sterling (2009). "The Fact of Diversity and Reasonable Pluralism." Journal of Moral Philosophy, 6, 1: 70-93.

Martin, Mike W. (2000). *Meaningful Work*: Rethinking Professional Ethics. New York: Oxford University Press.

—— (2007). "Meaningful Work." Everyday Morality: An Introduction to Applied

Ethics (291-302). 4th ed. Australia; Belmont, Calif.: Thomson Wadsworth.

Meilaender, Gilbert C. (ed.). (2000). *Working: Its Meaning and Its Limits.* Notre Dame, Ind.: University of Notre Dame Press.

Novak, Michael (2000). "Business as a Calling." Working: Its Meaning and Its Limits (124-125). Gilbert C. Meilaender (ed.). Notre Dame, Ind.: University of Notre Dame Press.

Pattakos, Alex (2008). *Prisoners of Our Thoughts: Viktor Frankl's Principles at Work.* San Francisco: Berrett-Koehler.

Pojman, Louis P., Fieser, James (2011). *Ethics: Discovering Right and Wrong.* 7th ed. Boston, MA: Wadsworth Publishing.

Rawls, John (1971). *A Theory of Justice.* Cambridge, Mass.: Harvard University Press.

—— (1993). *Political Liberalism.* New York: Columbia University Press.

Seligman, Martin E. P. (2002). Authentic Happiness: Using the New Positive Psychology to Realize Your Potential for Lasting Fulfillment. New York: Free Press.

Singer, Peter (1995). How are We to Live?: Ethics in an Age of Self-interest. 3rd ed. New York: Prometheus Books.

二、期刊論文

Bowie, Norman E. (1998). "A Kantian Theory of Meaningful Work." Journal of Business Ethics, 17: 1083-1092.

Michaelson, Christopher., Pratt, Michael G., Grant, Adam M., et al. (2014). "Meaningful Work: Connecting Business Ethics and Organization Studies." Journal of Business Ethics, 121, 1: 77-90.

Toenjes, Richard H. (2002). "Why Be Moral in Business? A Rawlsian Approach to Moral Motivation." Business Ethics Quarterly, 12, 1: 57-72.

朱建民（1996）。〈專業倫理教育的理論與實踐〉，《通識教育》，3, 2：33-56。

三、網路資源

Metz, Thaddeus (2013). "The Meaning of Life." The Stanford Encyclopedia of Philoso-phy. Edward N. Zalta (ed.). URL = <https://plato.stanford.edu/archives/sum2013/entries/life-meaning/>.

The Education of Occupational Ethics: On Meaningful Work

Abstract

In the workplace, people often lack the motivation to do the morally right thing, especially when occupational ethical norms conflict with their self-interest. The purpose of this paper is to present a solution to the problem of moral motivation in the workplace by analyzing the meaning of work. The results of this research can be applied to the teaching design of occupational ethics courses in colleges to cultivate students' willingness to comply with occupational ethical norms.

In this paper, I will first illustrate the various rewards that work might bring and then use Aristotle's claims in *The Nicomachean Ethics* to analyze the connection between those rewards and meaningful work. I will point out that if we want to do meaningful work, we cannot take extrinsic rewards (i.e., money, status, and power) as the only or primary goal—we must also pursue other intrinsic values. Among them, moral satisfaction is the most important source of meaning in work. Its value derives from the sense of self-worth and the better society that ethical actions create. This can be a positive motivation for people to comply with occupational ethical norms.

Key Words: meaningful work, occupational ethics, moral motivation, moral satisfaction, virtue ethics.

醫學人文之後現代教育方案—以「醫學與思辨」課程為例

王心運

高雄醫學大學醫學系醫學人文與教育學科副教授

摘要

　　一般認為醫學教育分為自然科學與人文教育兩部分，分別以「事實」和「價值」為對象。但以研究者開設「醫學與思辨」課程的經驗，以上均無法回應醫學人文教學現場內的焦慮與壓抑現象，而這部分或許可用後現代的思維提供解決。

　　因此，本研究以哈伯瑪斯的「解放知識」做為醫學人文另一種教育目標，並以傅柯的「話語實效分析」方法分析散布於醫學與社會的權力架構。同時引進Giroux的後現代邊界教育學理念，通過「醫學與思辨」課程意圖性地加入後現代教育動機，以探討醫學人文課程的後現代方案之可能性，以及未來臨床應用的可能性。

關鍵字：後現代、現代性、醫學人文、傅柯、哈伯瑪斯

一、醫學人文的狀況

各醫學院校的醫學人文教育推動已進行多年，同時TMAC評鑑[1]也非常重視醫學人文與通識教育部分。以參與歷年TMAC評鑑，或是往年所參加醫學人文會議裡，常常聽到各醫學教育者談論何謂醫學人文教育、如何規劃醫學人文課程、如何以是否達到「醫學生的核心能力」的outcome做為課程評估的方式，並於近年的TMAC中特別聽到「從做中學」的教學共識[2]。

然而研究者在腦海裡所浮現的仍是好幾年前開始一直思索的問題：何謂醫學人文？這裡談的人文是什麼？爲何當大家談到醫學人文時談到的就是以病人爲中心的價值教育，或者從TMAC委員提供給各校的委員共識裡談到，醫學人文注重的不是「事實」教育，而是「價值」教育。

此外特別強調「從做中學」的理念，希望將醫學生放到實際場域裡，從實際經驗裡得到學習與整合的反思。反對純粹以講堂授課的方式來教授醫學人文或是通識課程，認爲這是一種無效的、被動的學習方式。

姑且不論醫學人文與通識課程的差異，然研究者以自身在所謂的「人文學院」裡受教的經驗，而後再以醫學院教授醫學人文課程的經驗，仍有幾個自己想要回答的問題。例如醫學人文裡談的人文是什麼？近代思想，無論哲學或是文學裡談論「人已死亡」或是「作者已死」，但這方面的人文經驗似乎完全仍不爲以TMAC爲首的主流人文教育所熟知。相反的是，我們常聽到的以「人」爲本、以「價值」爲核心的醫學人文教育，彷彿對近代人文思維的反抗或反省彷若無聞。更重要的是，回到醫學生的教學

[1] TMAC（Taiwan Medical Accreditation Council）：臺灣醫學院評鑑委員會

[2] 本文接受科技部計畫「醫學人文之後現代方案-以『醫學與思辨』課程爲例」編號102-2511-S-037-002-所補助，特此致謝，同時也感謝兩位匿名審查者的意見。

現場，以「醫學人文」為口號的教育卻產生一股莫名其妙的反感，或情緒上的焦躁。這些常常反應在醫學生的FB、PTT的討論串裡，但卻相當少反應在正式課堂的報告裡。例如，在類似典範學習或倫理學裡收到的報告，常常清一色的反應是「某某典範的精神實在值得我們學習」、「一個好醫師的教導」等等不見情緒的平和語氣。然我們怕的是對醫學人文的焦躁不安反而進一步內化到情緒的深層裡蠢蠢欲動。所以，一旦聽到「過勞死」、「醫療糾紛」、「判刑率最高」等等字眼時，會聯想到非常多固定的意象而成為情緒的糾結。但以情緒做批判而不明其理，反而造成一些結果，形成了某些就是「好批判」，或是「什麼都不管」的犬儒假象。

事實上就研究者教學經驗，如此「情緒」的反應往往最難處理。因為「情緒」看似主觀與隨性，然其有效的力量卻很強大，包括對醫學人文裡所宣揚的價值有股不平之氣。這裡正透露出我們人文教育的不足之處：一方面人文的思考被弱化成平庸，另一方面人文對醫學生必須面對的特殊問題不熟悉，無法擊中情緒表象下的結構問題。我們將指出，以上的問題事實上並不在「事實」或「價值」教育的二分法下，而是在「後現代性」所要處理的「權力與主體」的結構之上。或者依照德國思想家哈伯瑪斯（Habermas）談到人類的知識與興趣時劃分，「透過邏輯--方法論的規則與知識—構成興趣之間的特殊關聯，我們可以發現三種探究過程的範疇。……經驗—分析的，科學取向，所包含的是一種技術認知的興趣；歷史—詮釋的，科學取向，所包括的是一種實踐的興趣；至於批判取向的科學所包括的則是解放的興趣。」（Habermas，1972：308；李錦旭，2006：24）依照以上的劃分，「事實」與「價值」（包括倫理學）分屬於第一與第二種知識的興趣。然而關於「解放」知識的興趣對於醫學人文的高層而言則尚屬陌生，並且三種興趣屬性不同的知識所依據也是不同的真理觀點。研究者曾在一篇文章中做過相關的討論，並與隨後要進行的課

程設計相關，我們隨後會再回到這個主題。

其次，「做中學」的理念是研究者在腦海中的另一衝突點。研究者完全不否認經驗課程的重要性，也曾帶領了七年的服務學習課程，從小兒科、器官捐贈、家暴中心到偏遠小學，這方面醫學教育的確卓有成效。然而回到醫學人文教育的整體面，「做中學」的理念卻容易造成以偏概全的、或是「偽行動主義者」[3]的錯誤。回到根基去探討，即可回溯至醫學這門學科的知識建構性與人文學科的差異，而此時齊澤克（Zizek）的口號正是浮現在研究者腦海中的獨特印象：之前反對金融貪婪與社會不公的「佔領華爾街」運動，曾在運動公開對運動發言的知識領導份子之一是齊澤克[4]，他是近代的文化批判家、哲學家與最著名的拉康精神分析學者，於運動無法茁壯時提出了一項忠告：「不要行動，只要思考！」[5]

這項忠告批判了道德主義式的標準答案與教條：反社會不公與金錢貪婪是核心的價值，然此種不經思索之道德主義式的行動，反而讓行動更陷入資本主義式的標準瘋狂裡。因為意識型態是近代諸多危機的重要源頭，思考應該在行動之前，檢視主宰其思考與身心靈的意識型態。同樣的，研究者認為現今醫學人文教育之前期有其更複雜的意識型態在作祟，特別是在批判其意識型態之前即固定好的、即醫學人文教育裡最常見的「慈善邏輯」的錯誤。因為，如同齊澤克引作家王爾德的名言：「同情痛苦比同情思想容易的多。」[6]因而，「視病猶親」這句醫學人文的口號，對醫學

---

[3] 齊澤克「不要行動，只要思考」的演說。Youtube上有這段演說。http://www.youtube.com/watch?v=nSky0H67FHU。

[4] 齊澤克發表的演講全文內容可在網路上下載，此篇也為研究者「醫學與思辨」課程採用的文章之一。

[5] 同註1。

[6] 齊澤克「先是悲劇，然後變成鬧劇」的演說。Youtube上也有這段演說。http://www.youtube.com/watch?v=2x-KOMka0Hc。

大老、主治、住院、實習醫師以至於醫學生等，具不同階級、不同「金錢」、「權力」與「時間」消費能力的階層而言有著不同與交錯性的理解與效力，並在自己的階層下有著自由理解的意義與行動的可能。管理階層可用這句口號回應社會的需求，而低階的實習住院醫師等可能視之爲某種笑果。

然而這項啓示並非反對行動、反對「做中學」，也不是回到理論的學院派。這啓示對於研究者也是在教學後得到的一項新的領悟：是否我們必須開啓後現代性的思考方式、開啓人們重新對於解放知識的興趣、而這項知識目前仍游走在醫學教育所強調的「事實」與「價值」之外？以上即是促成此項研究的主要目的。

二、後現代的方案

「後現代」（postmodern）的方案實際上是一種「策略」（strategy）的方案，因爲「後現代性」（postmodernity）的提出原本是爲了批判所謂「現代性」（modernity）的問題。針對現代性的各個面向，後現代的策略也有種種不同的方案，例如對工業社會的批判、政治或媒體批判、文化理論或對文學理論的批判等等。雖然「後現代」總是與「現代性」有著糾纏的關係，但是「後現代性」與「現代性」之間也存在著「斷裂」的根本關係（蔡錚雲，2001）。斷裂的關係意謂著決裂，不能在同樣的背景下做相同的處理；因此，後現代性並不是現代性的對立一方，因爲能夠對立總是已預設了共同施力的場域[7]。

---

[7] 後現代思想常與解構主義一起被談論。它們重視的是差異，而非同一性。

現代性代表多方的意義，如我們一般冠上的現代化的東西，例如現代化的管理、現代化的教育、現代化的市場，以及一切由現代化的技術所造成的議題，如全球化與在地化、文化霸權與文化差異等等的對待。在醫學人文裡，我們最常看見的就是對教育目標，或核心能力的種種掌握與評鑑（如TMAC）的方式。或者說，醫學人文裡我們所採取的每每措施，例如整體課程的規劃與架構、橫向縱向的整合、醫學生的六大核心能力、以outcome做為基礎的學習與評鑑等等，無一不是以現代化的有效性做為設計的理性活動。在醫學教育裡，以技術和知識為本的專業教育，這項教育藍圖的實踐本無可厚非，畢竟專業教育裡的實證理性，以事實與可評量的方式保證outcome的一致性本來就是實證理性的基礎。然而我們的疑問是，上述的實證[8]、或計算理性是否也是醫學人文教育的基礎？

就醫學系常見的教學目標而言，我們有溝通能力、同理能力、論述能力、批判性思考能力等等，然而不同的課程之間，即使跨越了不同課程，我們也認為必須在橫向或縱向課程中找出其「整合性」。因此，不同的課程，如「醫學與文學」、「敘事醫學倫理」等等我們必須找到其整合的一致性與教育的共同目的，才可以滿足喜好評鑑者的口味。但若我們從事實上來論斷，以不假思索的方式預設「醫學人文」的整合性，並幾乎以「文學院」的規模將「醫學人文」的幾個課程與學分裡進行「跨界」的動作，其實是有點危險，至少我們知道在「文學院」裡這些學科的整合都是困難的[9]。

---

[8] 實證主義是由科學的進化化所提出的科學哲學理論，最系統化也最嚴格的版本是由奧地利哲學家維根斯坦（Wittgenstein）所提出。雖然他晚年否定了實證主義的絕對性，然實證主義的理想仍一直為科學主義所擁護著。但不幸的是，可實證與客觀性、可普遍性、可傳達性、可公開性等等的概念常被不加思索的混淆而誤解了實證的原初精神。

[9] 我們所要強調的並不是反對現代系統性、實證性的教育理念，畢竟我們仍生活在現代性的世界觀

　　再談到個別課程，滿足不同醫學系的核心能力需求似乎並不爲過，因此我們的上課內容與上課方式必須多加變化以滿足不同核心能力的需要，做爲評量一門課程是否成功的客觀因素，並確保同學能夠在學習成效上達到相同的標準。基於同樣的評鑑、實證理性，再以outcome來確認教學內容是否合乎標準。這種「管理式」的現代教育模組的確很吸引評鑑者的眼光。然而，在實際的教學現場，我們看到的確不是那麼一回事。因爲，課程規劃的理想是一回事，它對評鑑也許是有效因而被欲求的，然而上述對教學現場卻極可能是無效的[10]。例如，教學現場面臨的諸多微小但細緻的因素都有可能導致不同的教學現實：修課的人數、開課的時間、這一屆醫學生甄試的比例、當時關於醫療的社會新聞、講者心裡的固定價值觀、「不好的醫師我看多了」、包括學生的家長是否爲醫師、而他/她的家長是否碰過醫糾等等因素都是架構下所無法預期的因素。

　　當然以上可以被歸結爲「課程經營」的問題，並屬於現代性的課程規劃的思維控制範圍以內。但是我們都知道事實並非如此單純，因爲蘊藏在後面的意識型態才是整個問題所在。例如開課的時間，以中高年級爲例，往往放在不影響正課的時段，如星期一早上8點或是星期五下午3點，難道這後面無所謂意識型態的作祟嗎？必修與選修課程間難道無權力間的衝突嗎？爲了更清楚談論「後現代性」的需求，以及我們的策略，我們必須再提出一個觸目的例子：「先學做人再學當醫師」的口號，我們知道它曾在不同的教學時空於醫學教育裡產生了各種不同的扭曲與形變。

　　以高雄醫學大學醫學系爲例，本系在第一次進行TMAC評鑑之時

裡。但我們要反對的是將實證性的課程評量絕對化，特別是對人文課程的絕對化。因爲帶過課程的老師應該也很難明白說服自己這是可能的，而不僅僅是個意識形態而已。

[10] 曾有醫學教育大老信誓旦旦地說，只要課程規劃的好，任何人都可以來上。然而我們有一門規劃良好且大受喜好的課程，在更換主負責教師後卻變爲冷門課。

（2005年）即以「您同意先學做人，再學當醫師的理念嗎？」進行調查，當時同意的比例約佔5.8成，而不同意的也佔3成左右。然而本系在2009年進行同樣意見調查時，發現同意的比例已接近8.5-9成，而不同意降至0.7-1成（王心運，2009：109），但是我們能夠證明醫學人文教育成功了嗎？還是說，醫學人文雖然成功地成為醫學教育的主流，但遭逢的問題也許更轉向內在？或是學生們在這方面做了犬儒式的妥協，既來之則安之的心理準備？

再舉一個實際的例子，在中年級的「醫學專業素養課程」裡請到某個弱勢協會的講者，她出身於記者，雖有熱血心腸但言語犀利，對人文教育不敏感，直接為弱勢團體請命並批評醫德的問題。當場有父母為醫並曾被告的女學生義憤填膺地掀起口戰，並圍入不少同學的參與。然而仔細分析各自言論，或出於個人價值，或出於道聽塗說，總總零散而片面的觀點，夾雜著不連貫的事實與想像，以上等等正若干符合後現代社會的知識片景。同時在老師方面，講師也是臨時被改換的，所以無從得知其內容，而原本安排的臨床醫師也因門診而無法參與……，等等細部的不定因素，造成語言與結構的困難，甚至形成一種窒息的感受。

「先學做人再學當醫師」，若以現代的理性思維看來，是一個可以論述的題目。首先我們要分析好醫師的條件以及核心能力，再分析其中哪些是與人文相關的部分。據ASME（Association for the Study of Medical Education）的研究與建議，良好的醫學人文訓練將可增進醫療人員更好的觀察力、想像力、價值判斷能力與自我照顧的能力。隨後這些能力可以透過醫學教育加以塑造和評估，達到知識上或實踐上的滿足。但是由以上的例子分析，我們仍看到一個不斷加強的對立感，包括醫學生與醫學大老、醫學生與人文教師、醫學生與醫院、醫學生的自我想像與社會想像等等衝突，這些未必被顯化，但一直不斷內化的衝突並無法被語言澄清，也

因此處於不可思考的狀態。

　　基於上述，我們認為引入後現代的分析是必要的。這一方面，我們採用的是傅柯的「實效性分析」（analysis of positivity）（Foucault, 1972）。對傅柯而言，歷史並非線性的、連串的因果分析，然而在歷史中被記載下來的，對當時具有影響並起著實效性的東西被稱為各種「話語」（discourses）所形成的檔案層。這些話語原本無特定關係，也非傳達某種特殊意義；相反，各話語間的關係是離散的，斷裂的（Foucault, 1972）[11, 12]。但是他有著一種特殊的用意，亦即作為權力運作的載體，它是在原本斷裂與不連續的事件間建立假象，並組織權力的關係。

　　「先學做人再學當醫師」就是一種特定時空下的話語，對醫學界有權力者、對醫學人文教育者、對醫學生都有不同的意義與解讀，彼此之間其實落差甚大。然而我們可以利用「實效性分析」進行話語的解讀。依實效性分析，重點不在分析以上話語的真假值，亦即不在分析做人是否真的是當醫師的必要前提，做人對於學醫的基本核心有何地位，如何透過教育達到這個目的。相反，依照實效性分析，我們要問的是：「看誰在說話？」、「說話的群體是誰？」、「話語對誰是有實效的？」、「描述使用者與其應用機制的位置為何？」、「一個主體是如何被置入其中的？」

---

[11] 這在我們上面對於課程經營的描述是有相關性的。種種不利教學的突發與偶然因素也體現在訊息的大量與片斷性、知識提供者與接受者的主體互換性、對權威的虛擬與想像性（網路與電競遊戲）等等不斷生成的網絡裡。後現代的處境是「平面而無深度感、斷裂而無歷史感、零散而主體消失，以及不斷地複製而使得距離感的消失」（王岳川，1993：236）；或者說，後現代其實是一種情緒。

[12] 傅柯的分析稱為考古學式，或系譜學式的分析。看似將話語元素拆解再重新組合，但其實內在邏輯是完全不一樣的。權力是散布在話語空間裡，以其分布與形勢造成暫時的路徑，再逐漸層層累疊，形成看似具有歷史與淵源的權威話語。考古學就是挖掘其中散布的分配，揭露其無根據的來源。此與一般分析的方法，將整體拆散為元素，再將元素組回一連貫性的整體不同思維（Azer，2008：364）。

等等問題。因此，「先學做人再學當醫師」對醫學有權力的人，他是依照什麼樣的地點發言的，他對這句話的信仰程度為何？此外，也不要忘記這句話對醫學生而言也是同樣有實效的，雖然他們信仰它的方式完全不同。他們不出於權力機構的位置，不出於社會對醫界的批判的考量；事實上它出於更為複雜的層面，如傅柯所分析的，規訓權力的成功是透過一些簡單而溫和的方式來實現的，如（一）等級監視，在學校裡不僅有自己的同學，也有學長姐等對於人文曖昧不明的態度，以及對社團或組織的道德向心力。（二）常規化評價，醫學人文課程的持久性，甚至到未來倫理學分認證等，一時的抵抗無法對常規造成太大影響。（三）審查機制，例如課程，影響畢業分數與選科的自由等等（張文軍，1998：74-75）。

我們回到現代性與後現代性的關係。若執於「先學做人再學當醫師」的現代性考量，我們無法卸載不斷充斥在這些話語裡的權力關係，反而更顯的茫然無助。回到哈伯馬斯對興趣指引的不同知識屬性[13]，「先學做人再學當醫師」並非具有黑白分明真假值的科學知識，但同樣重要的是，它也不只是實踐科學的興趣而已。實踐科學以權衡與妥協的真理觀作為基礎，像是我們熟知的倫理四原則，由廣泛的初步義務逐漸現實化而導致的現實倫理原則，其中不同原則的取捨必須依據平衡法來判斷。但是實踐興趣最終還是以達到目的做為其最終目的，仍然有對錯取捨的價值判斷在內。因此，在我們上述「醫學專業素養課程」的內在衝突導致的窒息狀態下，科學知識與實踐知識都無法對治種種斷裂、不同想像與權力關係共處的扭曲空間。

至於哈伯瑪斯第三種興趣，亦即「解放」的興趣，正可體現後現代於

---

[13] 在思想史裡，雖然哈伯瑪斯與一些著名的後現代學者對於「後現代-現代性」間仍有爭執，然而我們不需太進入理論論爭，而只需汲取一些可供教育實踐的概念即足夠。

現今醫學人文教育這特殊場景的一種分析與「解放」的方式。它拒絕是非真理的存在，也拒絕實踐的功利用途，因為在上述教學現場的困境裡，事實上也無法存在著絕對的是非與共同解決的方案；相反，我們使用的是不同的邏輯，而後現代的邏輯剛好拒絕接受「後設論述」（matanarratives）的有效性[14]。因此，若「先學做人再學當醫師」是檯面的論述，那麼其「後設論述」就是「完人教育」的宏大論述，在醫學裡特別是「醫德」、「救人於苦難」的宏大設計[15]，而在文學理論裡就是「完整的融貫敘事」（Currie, 1988: 3）[16]。後現代拒絕這種宏大設計的實效性，因為這只是一種意識型態，而這種意識型態對於醫學生的養成而言並不是絕對有效的設計。正如斯坦迪許認為，「拒絕一種宏大的設計至少可以使我們避免受到統一化的侵害。這種拒絕並不會使我們的教育陷入無能為力的狀況，相反，這給教育提供了更廣闊的視野」（張文軍，1998：44）。因為如品德的實踐之知確實在某些層次有效，然在解放的興趣下是無效的。就像醫師誓詞採取的就是「我將要……」等等形式，而不是「我必須……」等等規範的方式。事實上，醫師誓詞的實效性在於它拋開科學與實際的功利用途，但是產生出某種虛擬的性質，讓學生產生更多對未來與人生的想像空間。

　　因此，後現代的方案是種策略，在一般醫學人文教育裡我們顯少教導

---

[14] 李歐塔（Lyotard）對後現代的簡化定義：「最簡化的方式，我定義後現代為不相信後設論述。」（Smplifying to the extreme, I define postmodern as incredulity towards metanarratives）

[15] 我們很容易觀察宏大設計的虛偽性，以及內含的後現代性。像許多媒體一樣，愈腥羶色愈引人好奇；愈強調醫德與醫學人文教育，則導致更強的反感。這種邏輯常被衛道人士所摒棄，也是現代性較為僵化的地方。

[16] 敘事學裡其實也有現代與後現代性不同的應用。目前醫學人文教育裡看到的敘事醫學仍然以現代性應用為主（Bleakly，2005）。後現代敘事有其不同的風格，或許也是未來醫學人文教育發展方向。

學生如何處理權力起源的問題，而後現代的方案即是針對權力與主體關係的糾纏所提出的策略。我們應用傅柯「實效性分析」的方法，並在範疇上明確分出科學知識、實踐知識與解放知識的不同屬性。因此，後現代的策略是靈活的，因爲它並不反對科學與實踐的知識。只是，解放知識的需求容易出現在醫學這個獨特的場域，因爲醫學原本就不是純粹的科學與實踐的技藝。事實上，在權力行使之時，醫學扮演著操作肉體以行使權力的重要角色，而這也是傅柯在《臨床醫學的誕生》、《規訓與懲罰》等著作裡重覆出現的重要主題。至於後現代性策略在醫學人文課程裡的實行，是本研究要繼續探討的主題。

三、後現代的教育方法與設計

關於後現代性一直是研究者的研究範圍，在2006年即已應用哈伯瑪斯的知識類型研究，提出通識教育與專業教育裡不同的眞理觀：「專業教育的目的是以『符應的眞理觀』（阮新邦，2002：235）作爲基礎，以專業知識盡量精確地符合客觀事實爲要。相對於專業教育，通識教育則是以『開放的眞理觀』爲教育的目的，它是以『開放性』、『批判性』與『人文性』做爲自己教育的目標。」（王心運，2006：33）科學知識的眞理觀要求精確的符應性，論述必須與事實相一致；實踐知識是整體論的眞理觀，它注重的是溝通與妥協，像是政治、社會科學，或是我們熟知的醫學倫理。至於哈伯瑪斯所談的「解放性知識」則以「開放的眞理觀」做爲前提。

依據以上原則，研究者於高雄醫學大學醫學系2年級設計了「醫學與思辨」課程，並以實踐知識和解放性知識爲主。不過在實際授課當中仍覺

得有某些不足之處，而且當中又曾歷經多屆不同的學生，面對不同的醫學生議題，如波蘭醫師、許世政事件、高醫實習生於成大疑似過勞、以及六大皆空，血汗醫院等議題，一直覺得人文教育裡有某些重要的面向是被遺漏掉了。

到了2010年有機會對PBL的教學方式進行反省，曾於1st Asia-pacific Joint PBL Conference[17]所張貼的會議海報報告中表示，傅柯對於權力結構的分析必須進入醫學人文教學裡，也就是關於人的主體性是受到三個不同的軸線所規範的：知識-權力-倫理。至此以後才意識到潛伏在醫學人文教育裡的權力分析，其實有較其它學科教育更有急迫性。然而即使如此，如何能將權力分析這項困難的工作於醫學系2年級之階段進行講述，並且提供分析方法，仍有所疑惑。

直至2012開設課程當中，經由學生上課報告的行為裡找到「後現代」的教育元素，並且除了傅柯的「實效性分析」外，也澄清了「後現代方案」裡的教育目標。後現代方案並不在提供一種「是非或是實用性的規範原則」，而在於人類「解放的興趣」，或者是深層的「人文性」。而後現代方案所針對的問題完全不同於科學或社會知識，或是倫理學論述等等爭議，而在於釐清「權力是如何利用話語，在不同性質的空間裡起作用的，而它又是如何利用它自己的方法，以知識-權力-倫理三方面來構造我們行動主體的」。在這裡的主體，我們主要關懷的是醫學系二年級的學生。

面對形形色色後現代的理論，包括哲學、社會學、政治實踐、媒體等等不同領域與論述，如何將後現代的想法應用在普通課程裡，實在是一

17　Shin-Yun Wang*, Chung-Sheng Lai and Hui-Ju Lin 2010 The learning behavior in the problem-based ethics curriculum 1st Asia-pacific Joint PBL Conference, Taipei, Taiwan.

項考驗。幸好在國內外的文獻裡多有關於後現代教育的相關研究，一致認為後現代社會變遷下，教育的理念應更多地朝向知識的「脈絡性」、「開放性」、「模糊性」、「多元性」等方向發展（葉莉莉等，2008）。在醫護相關領域裡討論的文章則相對較少，只有2008年由葉莉莉等談到後現代對護理知識建構的影響（葉莉莉等，2008）。然而討論的範圍較爲一般性，且並無涉及特定課程、教學方法以及教育目標等等操作層面。在研究者的研究方法上配合醫學與思辨的特定目標，採用後現代教育學者Giroux的「後現代邊界教育學」（border pedagogy in the age of postmodernism）理論，同時配合傅柯的「實效性分析」做爲課程的教學方法以及後現代教學法的評量標準，至於教育目標則採哈伯瑪斯的「解放性知識」做爲解構權力知識的根據。以下將分兩部分說明研究方法。

（一）Giroux的「後現代邊界教育學」

對於後現代處境而言，現代性不斷以不同的話語在制定關係，並展現它在這一特定領域的話語權，繼而形成知識體系，建立權威的門檻。這一系列複雜的過程已爲傅柯所詳盡解釋，而我們也將應用實效性分析的方式來進行解構。例如，傅柯告訴我們在19世紀歐洲從政治、宗教，特別是從醫學發出禁止兒童手淫的大規模禁制令，在宗教上是有罪的、在醫學上則是有礙健康的等等大量論述，配合著規訓施展其權力與威信。雖然雷厲風行造成官僚體系受益良多，但沒有任何執行者能說服自己是成功與合理的。反之傅柯明確地告訴我們兒童手淫這行爲從來都沒有從歷史與家庭消失過。這個例子告訴我們話語其實是種意識型態的載體，它們的實效性層面並不在眞的解決宗教與促進醫療健康方面，因爲它眞正的對象是權力如何約束主體與形塑主體來施展它自身。

邊界因而是某種階級權益與分配的空間布置關係，將原本可以是斷裂

的關係重新組合為自身特定利益的施展空間。依照Giroux的想法，多元價值的擴散、媒體資訊的多元與片面化、零散化的後現代處境、每人的身份角色的模糊與變化，雖然看似虛無與毫無架構，然它正提供跨邊界的絕佳可能性。例如全球化視野下的文化霸權主義，以現代性的大義凜然抵抗它是失效的，因為現實中的西方文化不斷大肆擴張，而青年人也大表歡迎。然而正因為疆域的喪失，一種世界觀與在地化的融合反而更有可能（李錦旭等，2006：77）。

因此依照Giroux邊界的想法，在教育上我們必須澄清行動主體於具體世界、社會與組織中的行動邊界為何，分析它的效用與合法性為何，因而在教育上提升不同觀點的多元化以及主體視野的流動。在醫學與思辨的課程上，我們則會教導醫學生於當代社會下的兩大後設論述：資本主義的計算理性與社會主義的理想性，探討它們是如何制定階級利益與分配的問題。其實這兩大後設論述包括的正是如醫德、視病猶親，與醫師也是人、醫療生活品質與血汗醫療等不同話語間的衝突。我們將在課程設計部分再做進一步說明。

依照邊界教育理論的核心概念，包括「反主流文本」與「反主流記憶」（張文軍，1998：134-137），其實都與上述權力實效分析與解構相關。依照上述我們可以清楚地了解教學目標，並探討課程評估的可能性[18]。教學目標方面例如：1.學生是否能了解後設論述所代表的邊界。2.是否能以不同階級的視野分析自身邊界（階級）的侷限。3.了解權力關係是如何運作的。而評估方面則相應於：1.是否可以區別計算理性與理想理性，並能分析「醫學的社會處境」。2.是否能從其它階級利益方面分析

---

[18] 弔詭的是，做為教學的實際行動，後現代課程的行動似乎仍得回到現代性的要求裡。然我們要的並不是推翻現代性，而是意識到後現代性的問題並對過度的現代性提出反省。

醫療階級與醫師的社會地位。3.了解權力問題不同與事實與價值的衝突，因而必須能夠分析權力的特殊性質（應用實效性分析：特殊的話語是如何出現的、說話者是誰等等）。除上述之外，當然應該還有其它發展的可能[19]。

（二）課程設計

課程分為三大群組，分別是1.後設論述的說明、2.與醫療相關的社會事件分析、3.後現代的權力分析法。此門課程已開設多個學期，在教材與議題上經過適當改善與補充，由以往經驗看來，看似困難與理論的思維其實並不難被接受，因為每個論述皆會配合相關議題與媒體資源[20]。

在第一群組裡1.是關於後設論述的說明，我們介紹博奕理論所代表的計算理性、並由博奕理論延伸與質變的羅爾斯正義理論，而後中介至馬克斯共產主義裡論述的異化現象。

第二群組裡2.為進行醫療相關事件的分析：例如，博奕理論表明韋伯式的計算性理性。此項博奕說明醫師在社會上所擁有的高收入與高地位（從社會角度上看來）並非是無償、無條件的。因為從博奕上看來社會並不會無緣無故地製造一個不可普遍化與高門檻的階級。社會對等地在計算對醫療的付出與尊敬，是否得到等價的回饋。然因醫療知識權力的門檻過高，社會無法以知識對等的方法約束，只能以醫德的道德論述來制約醫療體系，使醫療人員得到醫德而來的自我規訓。其實這都是由權力分析可以看見的結構。然而後現代的視野讓我們放棄追逐誰是誰非的後設性問題，

---

[19] 依照Giroux的教育理念其實還可以整理出更多面向，如主體性的發展、重視他者與族群等等、研究中將依實際需要進一步制定。可參見（張文軍，1998）。

[20] 本課程的參考評量分數均為4.4-4.7之間（滿分5分，由學校教務處統一施測）。

反而游走在不同階級與利益的空隙中，看待我們自身是如何被權力與結構所馴服和主體塑造的。當然面對明顯的不正義我們必須採取行動，但因為對權力結構的敏感，可使我們不再因個人的行動陷入特定的階級利益裡（如波蘭醫師事件）。

基於同樣計算與自私理性，近代羅爾斯的正義論給出了社會資源分配與階級利益的另一種合理性，這種正義要求社會必須補償由分配不均而獲益最少的階級。因此我們可以明瞭，為何種種醫療糾紛裡，媒體或大眾總是同情病患一方。這種理想性與同情痛苦的極致表現在社會主義的理想裡。然而我們從馬克斯對資本主義異化理論的分析可以理解，愈高度分工與體系化的醫療制度裡，異化的現象也相對的嚴重。在這方面我們可以談到血汗工廠、白色巨塔等現實議題。

至於第三群組3.為後現代的權力分析法，此後現代權力分析法又可解析為兩個重要部分：(1)為何「後設話語」是有效的？(2)「主體」是如何被這些話語所制約的？

(1)的部分我們要批判掌握主要話語權的兩大論述：資本主義與社會主義。現代主要的「後設話語」為前述資本主義與社會主義影響下的醫療論述[21]，我們採用前述傅柯的「實效性分析」，不重視這些「論述本身是否合理」，而是討論「論述是如何被視為有效的」。這一方面必須特別向同學們強調，如我們對「先學做人再學當醫師」的分析一樣。因為我們要分析的不是「事實」，不是「價值」，而是「權力」、「制約」、「如何有效」等等現象。

21　這兩大後設話語也出現在醫學倫理裡：義務論（自主原則、正義原則）與效益論（不傷害原則、行善原則），分別表示價值的絕對內在性，以及價值的相對外在性。若學生於「生命倫理」等必修課修習過的話，理解上會有更佳效果。

　　至於(2)部分，「主體」與「權力」的關係，我們採用的是「拉康的精神分析－自我與他人」的方式（黃乃熒，2007：68）。在後現代裡「他人」的出現，或者是「差異性」、「異質性」等等成了最重要的現象，例如全球與在地、種族與族群、階級、性別差異等等，都因爲現代性權威話語被突破，而慢慢成爲各自獨特的探討方式[22]。拉康的精神分析成爲分析「自我」與「他人」的最佳方式，明瞭自我與他人是如何隨著主體出現而束縛在一起的，也透過精神分析式的「解放知識」，打破僵化的人際「邊界」，形成跨界的「解放」動作，如同Giroux邊界教育學所強調的一般。我們認爲，這種訓練將有助於未來「跨專業」學習的成效。整體課程大致規劃如下表所示：

第一部分	主題
1	不同眞理思考模式
2	博奕與資本主義
3	博奕與正義理論
4	醫師的社會形象
5	異化與白色巨塔
第二部分	主題
1	拉康與精神分析
2	臨床醫學的誕生
3	不正常的人-醫學與知識的權力
4	權力與權威的實驗省思

---

[22] 每組問題都有其不同探問的方式是後現代所承諾的方式。因爲我們不承認一種一致的、一貫通體適用的問題分析架構。因此，族群的問題才成爲族群的問題，性別差異的問題才成爲性別差異的問題。

雖然我們的論述極富思想性，但以上課題大部分經歷多次開課的經驗整理，同學對於思維也逐漸能夠適應。每次上課都會有小組討論時間，而這次因為特別意識到後現代對權力實效性的分析，以及解放性知識的教育理念，還有達到走出自我階級，達到他人差異性的跨邊界教育目的，將會特別設計不同的討論論題。同時配合期中報告與期末報告，讓同學以特定的架構（如上述課程的三個群組）分析社會醫療的相關議題，以熟悉我們要讓他們達到的思考模式[23]。

四、哲學的反省與可能性

現代與後現代性的爭論固然是極具哲學的主題，然而它也的確反映了部分的現實，特別在醫療場域以及醫學教學的現場，可看到較其它專業教育更多的權力以及社會制約的關係。醫學做為自然科學專業有其特殊性，除了生物科學的框架外，更多是社會學、倫理學與政治學的集中縮影，而這些複雜的因素都具體而細微地呈現在醫學教育與其評鑑的要求裡。作為醫學教育裡的哲學工作者，我們提出以下以後現代哲學思考與醫學結合的觀點，對哲學應用至醫學教育的可能性提出幾點反思：

（一）探討醫學人文裡的後現代性方案—近代研究學門裡，醫學與人

---

[23] 審查者希望本文能說明實際上課反應與成效，或是授課大綱以及進行方式多做說明。在此謝謝審查者的意見，不過因為課程成效的資料過於龐大，且分為三個部分評量，在此無法多做說明。作者已著手將課程成效的部分另行發表於專書之中，預計最近也會出版。另外審查者也建議說明本課程如何讓同學具備解決現今醫病衝突的能力。這點也因篇幅的關係無法呈現，不過大致說來，本課程以解放的知識為主，那麼並不在培養學生具備解決醫病衝突的「核心素養」（competence），而在於解決問題的「能耐」（capability），它是面對複雜多變的不同情境時，應有的應變能力。

文本屬不同學科,然而醫學人文究竟爲何?與通識有何區別?現在我們可以以「後現代性」的方式重新思考這些問題。之前強調或不知不覺預設的「科學知識」、「事實知識」、「倫理教育」、「實踐知識」(如做中學等體驗課程)等等並無法描繪出「醫學人文」的特色,以致「醫學人文」與「通識教育」區別不清。「通識人文」教育固然可以達到「解放」、「批判」的知識,但一般的「通識教育」欠缺「醫學人文」要處理的「權力關係」,或是分析「醫學生或醫療人員的主體性是如何被結構型塑出來的」等等這些具有「急迫性」與「張力」的現實問題。「科學知識」、「倫理」、「權力」是不同約束主體的三軸,這些只能由「後現代」的方式加以剖析。一般強調「醫德」、「以病人爲中心」只能呈現「醫學人文」裡的部分面向,至於「解放知識」,或是人文最終理想—「實踐的自由」仍遙不可及[24]。本研究目的之一爲探討「醫學人文」的後現代性方案,實際上也在探討「醫學人文」已成主流的話語是如何被我們當下「醫學教育」視爲有效的?而它到底仍是服務於權力對抗的「意識型態」,或是能達到「解放知識」的目的?

(二)課程改善做爲進一步醫學人文教育的參考方案—「醫學與思辨」課程在本研究中是做爲研究方法,在新的「後現代」觀點下分析現下醫學生是否能於「零散的」、「多元的」、「流動的」、「網路的」實際學習情況下,將看似對教育不利的因素,轉化爲正向的因素,如達到「多元思考」、「族群尊重」等等「角色與階級多重流轉」的解放知識。這些

---

[24] 愈精細分工與控制的系統,愈喪失對自由行動的可能性。在我們醫學倫理教育裡經常碰到這種問題:倫理學告訴我們,「倫理預設自由」,然而實際上醫療人員都很清楚,在工作場域裡,面對醫療倫理問題時,很難發現(想像)自己的倫理自由,反而更偏向醫療法律。這裡的矛盾告訴我們現代化的知識在權力結構裡被轉化爲「非正統與古典的知識與實踐技術」,而這也是爲什麼後現代要把「解放知識」從「權力」、「事實」與「實踐」裡解放出來。

特點對於未來臨床的實踐知識，如人際溝通、臨床倫理、跨領域合作等等都是正向的因素。通過新的觀點來改善課程，實際上也是檢證一下後現代觀點是否能於課程中實踐，做為未來教學的面向之一，或甚至應用至未來臨床教學，由病患學習的方式（Bleakly, 2008），以及病患之醫療諮詢（Elwyn, 2004）。

（三）發展後現代醫學人文教育評量的可能性－當然，站在後現代的角度，如現代性思維的全體思維的評量是不可能的，因為這種實證思維本來就是反對零散化與偶然化的教育發展。然而，既然我們是從事教育活動，即使注入後現代的意識，我們也希望能夠提供不一樣的評量方式。後現代教育已告訴我們非常多教學活動模式的改善，包括教師權威地位的改變、主動觀點形成與歷程紀錄等等方式，然我們希望能在教學活動之外看看是否能發展符合當下「醫學人文」本質的評量方式，包括參考Giroux後現代邊界教育理論，探討「跨邊界」、「跨主體」、「跨角色」等多方思維的能力的評估方式。當然這方面仍有待進一步小心的處理。

（四）現象學的訓練告訴我們，不合理現象的存在代表它有其合理性的基礎[25]。在一般醫學人文教育討論裡，常常聽到各種不合理的教學現場，如學生不認真、不專心、不思考、不重視醫學人文教育，但對於這些「不應該」存在的現象只認為它「不應該存在」，而它「不應該存在」因為它「應該怎樣存在」。因此再全力催下「醫德」、「人文」教育的油門，對「不應該存在」的「存在事實」有視但無思。後現代思考打算進入探討「不合理」的合理基礎，看看是否能發現人性的真實，而非「人性意識型態」的真實，這也是我們之前強調「開始思考」的理由。

（五）後現代性與現代性的爭議不斷，而後現代的缺點也是現代性

---

[25] 現象學與後現代結合的護理教育，也可參見（Ironside, 2001.）

的優點。首先是「後現代性」本身的地位不明，因爲依其本身出發的理念即不願給自己明確的定位，因而還具有是否爲「未完成的現代性」的爭議（高宣揚，2006：130）。這裡造成教育上的困難，包括這個理念是否能明確讓學生理解（特別是中低年級醫學生），如何訂出明確的評量標準？如何區別學生報告裡，有意識性的後現代片斷或是無意識性的思維混亂？如果從最嚴格的角度看來，後現代性要滿足現代教育需求與現實是極端困難的，包括量化與評估的自我矛盾。然而站在實用的角度，我們不必採取嚴格的立場，完全否定掉現代教育的評估方式、教育目標與outcome爲基礎的評量方式。然而至少後現代的認識也告誡著以評鑑爲核心的現代教育者，必須認識自身的虛僞性，並減少將實證理性強制於人文教育的這種意識型態的「絕對化」。

　　因此，面對後現性的困難，我們將採取相對寬鬆的態度，不完全否認客觀評量的可能性，但我們可以用後現性的一些特徵，例如流動性、多元性等做爲評量元素的考量，並以較靈活性的方式解讀學生多元與零散，但眞實反應處境的回應，或是保持在「論點背後的中立地帶……是一個解除了武裝的反對言論」（Anderson, 1999: 28）。讓人意外也不意外的是，後現代性的這種特徵反而具有更高的社會參與度（Chan, 2000）。

　　在理解後現代思考方面，討論與實例探討是不可少的方式。雖然權力的結構複雜，考古學式或系譜學式的權力分析的實踐說來容易，但理解它們的意義與它們的差異所帶來的後果遠較分析不容易。然而經幾年教學的經驗看來，注入後現代分析因素與解放知識的教育目的或許是值得嘗試的，甚至是研究者認爲必要的方式。在這方面，課程做爲方法之一，我們將會在討論題目的思維上做一些規定，例如界定話語、界定其有效性範圍、界定誰是說話主體、這些主體是如何被塑造出來的……等等方式，並配合現實的、具批判性的醫療時事，相信可以做爲研究的重要依據。此外

更重要的是，在後現代教學裡，教師必須極端地注重個人價值觀所隱含的權力結構與階級意識，如此才可能塑造出適合跨邊界教育的教學環境。當然這些都還待進一步深入研究與設計。

參考文獻

一、專書

王岳川（1992）。《後現代主義文化研究》。淑馨出版社，臺北。

李錦旭、王慧蘭主編（2006）。《批判教育學─臺灣的探索》。心理出版社，臺北。

高宣揚（2006）。《後現代論》。五南出版，臺北。

張文軍（1998）。《後現代教育學》。揚智文化，臺北。

黃乃熒主編（2007）。《後現代思潮與教育發展》。心理出版社，臺北。

黃瑞祺主編（2003）。《現代性、後現代性、全球化》。左岸文化，臺北。

蔡錚雲（2001）。《從現象學到後現代》。五南出版，臺北。

Anderson, P. (1999). The Origins of Postmodernity. 王晶譯，《後現代性的起源》。聯經出版社，臺北。

Azer, S. A. (2008). Use of Portfolios by Medical Students:Significance of Critical Thinking. Kaohsiung J Med Sci. July 2008, Vol 24, No 7. 361-366.

Bauman, Z. (1993). Postmodern ethics. Oxford: Blackwell.

Bauman, Z. (1995). Life in fragments: Essays in postmodern morality. Oxford: Blackwell.

Bleakley, A. (2005). Stories as data, data as stories: making sense of narrative inquiry in clinical education. Medical Education, Volume 39, Issue 5, 534-540.

Bleakley, A., Bligh, J. (2008). Students Learning from Patients: Let's Get Real in Medical Education. Advances in Health Sciences Education. March 2008, Volume 13, Issue 1, 89-107.

Chen, J. J., Chen, J. E. (2000). Medicine for the millennium: the challenge of postmodernism. MJA 2000; 172: 332-334.

Collivera, J. A. (1996). Science in the postmodern era: Postpositivism and research in medical education. Teaching and Learning in Medicine: An International Journal. Volume 8, Issue 1, 1996. 10-18.

Currie, M. (1988). Postmodern Narrative Theory. ST. MARTIN'S PRESS, INC., New York.

Delanty, G. (2009). 駱盈伶譯。《現代性與後現代性：知識、權力與自我》。韋伯文化出版，臺北。

oucault, M. (1972). The Archaeology of Knowledge，London:Tavistock/New York:Pantheon.

Ironside, P. (2001). Creating a Research Base for Nursing Education: An Interpretive Review of Conventional, Critical, Feminist, Postmodern, and Phenomenologic Pedagogies. Advances in Nursing Science: March 2001, Volume 23, Issue 3, 72-87.

Habermas, J. G. (1972). Knowledge and human interests. Trans. by J. J. Shapiro. Heinemann, London.

Malpas, S. (2007). The Postmodern. Routledge, New York.

二、期刊論文

王心運（2006）。〈通識教育的眞理觀念―兼論醫學人文課程規劃〉。《高醫通識教育學報》，2006.06.第一期。

王心運（2009）。〈醫學人文課程的反省―以高醫爲例〉。《高醫通識教育學報》，2009.12.第四期。

葉莉莉、陳清惠（2008）。〈後現代主義與護理知識建構〉。《護理雜誌》，55卷，第4期，頁73-80。

蔡其蓁（2000）。〈Giroux後現代主義教育理論之啓示〉。《教育社會學通訊》，20期，頁20-25。

Elwyn, G. (2004). Arriving at the postmodern medical consultation. European Journal of General Practice. 2004, Vol. 10, No. 3 , Pages 93-97

Monti, E. J., & Tingen, M. S. (1999). Multiple paradigms of nursing science. Advanced in Nursing Science, 21 (4), 64-80.

Nicholson, R. 1993. Postmodernism. Science 261 (5118) July 9.

Zimmermann, C., & Wennberg, R. (2006). Integrating palliative care: A postmodern perspective. American Journal of Hospital Palliative Care, 23 (4), 255-258.

The postmodern project for the medical humanities-by example of the course 'medicine and dialectic thinking'

Abstract

Generally, we acknowledge the medical education are divided into two important parts: nature science and humanities education. The nature science points at the "fact", and the humanities points at the "value" as their research targets separately. But from our teaching experience in medical humanities education, we still can't resolve and correctly deal with the pervaded anxieties and in them inhibited emotions by using such pattern. We considered then, perhaps we should provide an another solution by postmodern thinking.

In this project, We will introduce the concept of "emancipator knowledge" from Harbermas as our medical humanities' educational goal, and the " positivity of discourses-analysis" as our method to analysis the structures of power which are "seminated" between health-care system and society. We also introduce the postmodern pedagogy of Giroux and use his educational framework into our course "medicine and dialectic thinking" in order to investigate the possibility of postmodern courses in medical humanities and their probable future application to clinical education.

Key words: postmodern, modernity, medical humanities, Foucault, Habermas

海德格論技藝式教育：一種彰顯本源真理的圖像遊戲[1]

林東鵬

柏林自由大學哲學博士

---

[1] 本文發表於「2017哲學應用與應用哲學國際學術研討會暨中國哲學會年會」並有幸入選「2017中國哲學會論文集」的論文審查，在此首先要感謝兩位匿名審查學者所提供的寶貴意見。

摘要[2]

在當代形上學發展中，海德格將存有論落實到詮釋現象學脈絡上，而顯現出其生活世界向度的實踐性思維。其中存有（Sein）作為本源真理具先在性，有待人類此有（Dasein）以生命綻出式的理解來顯像，此理解即技藝（Techne）。源自古希臘經驗性領會的技藝概念被轉譯為詮釋學理解：一種將場域性真理呈顯出來的詩性領會。這種領會是在「教育」（Bildung）中形塑出理念式「外觀」（Aussehen），使得存有者（物或人）在此被看見。

一方面，海德格在柏拉圖理念論的詮釋中，理念是一種使雜多統一的純粹圖像，而得此圖像是在光影的顯隱過程中所逐漸形塑（bilden），這隱喻著康德式的感性直觀和知性範疇被綜合在「圖式圖」（Schema-Bild）中，此綜合過程被海德格轉義成一種深層又本真的遊戲特性，一種詩性技藝。另一方面，高達美爬梳西方人文主義歷史中理念如何發展成典範：在教育過程中讓人彷效追求的摹本。在「教育」中「摹本」（Nach-bild）和「範本」（Vorbild）之圖像意涵是在一種審美採取了某種中間向度之機敏感中將直接本能提升到普遍精神的「形塑」（Formation），亦

2　這裡先回應一位審查學者所提出的摘要內容的問題。海德格的技藝論基本上出現在其後期思想，但此論是他將前期「基礎存有論」此有思想藉由對古希臘技藝概念的詮釋擴展到後期「詩性領會」（poiésis）的重要論述，因此其技藝論不但蘊含著此有的理解問題等批判傳統哲學形上學與認識論，也展開了其後期極為豐富的應用面向，如藝術、科技、教育、政治等等。其中技藝的能力在於對理念的領會，在此理念被海德格回溯到其古希臘原始意義：「外觀」（Aussehen）。在其詮釋學的觀點下，外觀作為一種觀念式的純粹圖像實是從生活世界之環境中的求取與追尋之過程中所逐漸得出，而教育過程在本質上應被理解為此一理想性圖像的形塑過程，因此海德格認為教育其實是一種「典範」（一種理想化的純粹圖像）的培養與形塑，此命題本文在第二節有詳細的論述。

即一種在共通感中對於典範所進行的判斷、類比與遊戲。

因此理念在詮釋現象學的脈絡下被轉譯成在場域性的教育過程中按照某種典範形象塑造而成的精神存在，此存在既具普遍性亦具實踐性，其中技藝，作為審美詩性的自由遊戲扮演著形塑真理之核心能力。

關鍵字： 技藝（techne）、「真理」（aletheia）、「圖式圖」（Schema-Bild）、「純粹自發接受性」（reine spontane Rezeptivität）、實踐智（phronesis）、共通感（sensus communis）

一、存有論的現象學轉化：科技世界觀的反思與本源真理的回復

（一）「存有」概念在詮釋現象學脈絡中的轉化

在一個超越的價值與信仰不再主導人們精神生活的當代（尼采語），形上學語言與知識不再於教育知識系統扮裡演著知識之原的角色[3]，在此情勢下肩負著核心學科的存有論知識因而嘗試尋求一條現代出路。在此趨勢中將「存有」概念作一種當代精神的轉化是海德格獨具的標誌，而此轉化不是一種定義不變只是語彙上的翻新而已，而是在整個內涵上提出另一次的典範轉移。如果說康德將西方近代哲學的存有論轉移到知識論致使哲學成為一種嚴格的科學，在數學與自然科學成功的典範下，哲學採取嚴格的概念思辨方法而冀望再度成為人文科學的女王；那麼海德格則企圖重新找回存有論的主導地位，使得哲學再次肩負起第一哲學的職責，他將「存有」從超越者、實體、神或抽象理念轉化成生成性的「揭露—展現方式」（Enthüllung/Entfaltung）意涵，一切存有者都是以某種方法展現自身同時被他者看見，而此展開出現將持續一段時間後會有再度隱蔽、消失或轉變的可能，在此觀點下「存有」呈現出一種方式特性、場域特性、關係特性以及歷史特性，它甚至被海德格描述為一種存有神學[4]，即某種有自主

---

[3] 尼采最為經典的判詞就是其1883年以查拉圖斯特拉（Zarathustra）之名大聲疾呼「上帝已死」並諭示「虛無主義」已然降臨。參閱Friedrich Nietzsche, *Die fröhliche Wissenschaft.* (KSA 3) (1980). In: *Sämtliche Werke: Kritische Studienausgabe in 15 Bänden.* Hrsg. von Giorgio Colli und Mazzino Montinari, München [u.a.]: Dt. Taschenbuch-Verl. [u.a.]. Zweites Buch, n. 125. S. 481。在海德格那某種程度上承接了此命題，其對存有遺忘之評判並反省科技世界觀問題事實上正是對當代人們精神虛無化的一種沉思。

[4] 參閱Martin Heidegger, "Kants These über das Sein" (1961). In: *Wegmarken* (GA 9), Frankfurt am Main: Vittorio Klostermann, 1976. S. 449。

性與超越性的方法式命運（非人所主導），它能自行給出、自行發生並自行遺忘[5]。此存有以先驗哲學的語彙來說是先在的（a priori），它在人們意識到之前就已顯現運作而形成一種「世界性」，因此在海德格的存有論視野中，「存有」顯然不只是一種形式性的前提而已，而是一種內容上的前提，用亞里士多德的說法是一種形質兼具的狀態，即使以柏拉圖的角度，理念也不只有形式性，而是在具體的思索追尋過程所得到的結果。在早期海德格「存有」之內容是緊繫於此有（Dasein），從生命概念、事實性概念而後被定調為時間（Zeit）；後期此內容則擴展出此有的範圍而被許多多元議題所烘托顯像：如藝術作品、詩、政治、土地神話等。海德格在詮釋現象學的後繼者高達美在人文主義歷史脈絡中透過援引不同思想家把這種「存有」解釋得更具體並有實例性，他以遊戲概念來詮釋這種狀態，遊戲是以某種方式（或者遊戲規則）展現自身，它是在諸多遊戲者的互動過程中形成一種場域狀態，並會形成一個動態發展的過程，而最後又會形成一種意義整體構成一種「作品」意涵。

（二）對科技世界觀的反思與理念式思維的恢復

　　而人們如何能領會到這個自身早已在其中的場域性存在、甚或把它顯像出來呢？海德格早期有「決斷」與「綻出」之說，即在決斷中使得「整體能存有」（das Ganzseinkönnen）被把握到了，形成一種自由的綻出；後期則是以場域性事件為先決，事態的發生與發展是存有發生的主導面向，人只能順應式地、參與式地「讓……發生」。譬如在當代，「存有」顯現為科技世界觀，使一切存有者在一種正確性和相同性的系統中被

---

[5]　如三十年代海德格有所謂的「生發事件」（Ereignis）之說，參閱Martin Heidegger, *Beiträge zur Philosophie (Vom Ereignis) 1936-1938* (GA 65), Frankfurt am Main: Vittorio Klostermann, 1989. S. 7。

預訂成一種可訂製物，而人在此中被形塑成表象思維的人，以某種工具性思維參與與促進此世界觀的運作。在當代科技主宰的世界中，海德格爲了探求科技的本源以克服科技的偏狹，「技藝（Techne）」因而被提舉出來：一種將場域性眞理呈顯出來的詩性領會。這種領會是在「教育過程」（Bildung）中形塑出理念式外觀（Aussehen），使得存有者（物或人）在此被看見。海德格的技藝說企圖把科技的眞正源頭還原出來，也就是人們追求事物本質的過程中其實一開始是把事物的外觀視爲眞理本質，事物由於其外觀而在與諸物的互動關係中呈現它所是的那樣，即現象，一開始顯現爲在光影中的假象，最後才被揭示其眞正的現象—理念外觀，而從假到眞的追尋過程是一種形塑過程（或教育過程），理念外觀被轉化到求道過程所形塑的典範或榜樣。[6]因此海德格所強調的理念外觀其實是一事物在諸多事物所交雜形成環境關係中所凸現出來的「前置圖像」，也就是一種在環境構成複雜的在世存有中所預先突顯的理念性外貌，而非一種從形式性的抽象邏輯所推導出的純粹理念；此兩者的差異在於前者是根植於其背景與脈絡關係而所形塑而成的圖像，如同部落祭典文化所產生的面具圖騰一般，而後者則是語句邏輯所推演出來的形式性概念。而現代科技正是從原本環境性理念外觀蛻變成抽象形式性的、以及可並置和可比較的純粹理念，改造成一物符合另一物的符應論以及所帶來的正確性和精確性思維模式，最後使得一物成爲在試驗室中的樣品、成爲在工業社會中的物資原料、成爲資本社會中的勞動物、成爲在商業社會中的商品。它們之間可在一種數字系統中被化約成可計算形式以供轉換與交易。

　　然而我們要問，這不是一種文明的進步嗎？把諸多不同文明、區域或

---

[6] 此論述可參閱Martin Heidegger, "Platons Lehre von der Wahrheit" (1931/32,1940). In: *Wegmarken* (GA 9), Frankfurt am Main: Vittorio Klostermann, 1976.其中關於理念與現象的相關討論。

世代的存有者能夠過某種形式能夠轉換、互動與連結起來，譬如全球化，這不是一種人類精神文明的偉大成就嗎？難道要退回到原古文明人在素樸的工具、素樸的思維形式、在一種模糊又神祕的圖騰思維中生活嗎？

我們回顧一下海德格當時所身處的生活世界以及所遭遇到的時代問題，此問題正是所謂「科技危機」：即科學家爲了科學實驗的興趣使得其脫離日常生活、失去對社會的關懷以及探問人生的意義問題。自西歐十八世紀工業革命與資本主義的勞動模式下，無數勞工成爲被資本家剝削的勞動者、毫無人類尊嚴地生活；大自然的山川樹石成爲一個個工業原料、並被尚無環保意識的政治與商業毫無永續地破壞；最大的危機在於二次大戰，人們使用最進步的科學思維和最先進的科學技術製造最殘忍的武器可在一瞬間摧毀大量的生命與人性尊嚴。這就是海德格當時的科技處境與科學危機，其問題意識在於反省唯科學主義的科技至上論，警覺到科技忘卻了自己的源頭與局限，失去了它原來在環境世界中生成性的功能作用，而蛻變成一種異質性的操作模式強迫地介入世界，逼使自然回答所提出的公式，並帶來不可逆的消耗模式。這絕不只有現象學才談及的科技警語，從德國觀念論時期以來就傳訴著一條反思理性主義與重視生命哲學之思路，在高達美的援引中自施萊馬赫、謝林到黑格爾就以另一種方式傳承了生命氣息的思想，尤其是在尼采的權力意志思想上得到了鮮明的繼承，並在某種程度上抗議著現代工業所倚賴的實證性。[7]此點後來的左翼思潮有著異曲但同工的針對性，馬克思對資本主義的尖銳批判正是對人性異化的深刻反省，即使其論述根基的是政治經濟式的歷史唯物論。而詮釋現象學所提出的解決模式正是傳承自生命向度的思想並開展了生活世界的維度，此立

7　參閱Hans-Georg Gadamer , *Wahrheit und Methode: Grundzüge einer philosophischen Hermeneutik.* Tübingen: Mohr Siebeck, 1990. S. 69的相關討論。以下簡稱*Wahrheit und Methode*。

場在「存有」的號召下，把科技世界觀與符應論收攝到存有本身展開模式中，將之視爲原初存有眞理的一個派生變種，也就是眞理符應觀是原初理念眞理觀的衍生變式，它必須在生命與世界向度的原初性眞理中才能找回它的根基。因此回復原初理念式教育的場域性、情態性與遊戲性是現象學的解法，而其中扮演核心的關鍵能力即技藝。

二、「眞理」（aletheia）的顯像與技藝的自由形塑—教育

（一）技藝作爲一種眞理創作

1. 「冒險性溯源」[8]：海德格談論技藝就是在科技問題與藝術問題的脈絡上提出，這和其後期思想課題有關，也就是西方存有遺忘的命運顯現在科技世界觀思維上，藝術正是作爲一種「反思」與「返回」運動。對海德格來說現代科技並不只是一種技術的學問而已，而是一種以數學及自然科學爲程序，以人與他物的對峙爲基本模式的一種控制論思維，海德格將其表述爲一種強求意志的「座架」（Ge-stell），此框架將一切存有者剝奪與抽離出其原本在土地與世界中原生性的自然關聯，並強制性地轉化成一種可在程序中計算與訂製的預定物。在此處境中技藝踩著冒險的步伐嘗試跳脫這種危險性框架，向未知的深淵走去，它採取比科技意志更進一步的決斷，嘗試找回那萬物原初相關聯的狀態。以今日看來反省科技帶來的

8　此標題本文採用海德格在《詩人何爲？》（Wozu Dichter?）之用語，其中「冒險」（wagen）被描述爲拋擲入強求性危險的一種投入遊戲的活動。參閱Martin Heidegger, "Wozu Dichter?"(1946). In *Holzwege*. Frankfurt am Main : Vittorio Klostermann, 1963, c1950. S. 280。

危險，如環境危害與勞動條件的改善，讓自然生態得以永續，讓人性異化後能再次返回自身，海德格的思維在當時正有著前瞻性的遠見與敢於挑戰科技主流的冒險精神，技藝正是這種戰鬥性的冒險式溯源把眼光朝向本源性的開端。

2.「poiésis」：技藝有一種領會本源性的能力，亦即一種已經看到與知道那理念的能力。「冒險性溯源」使海德格的眼光落於亞里斯多德的技藝論，技藝在亞式思想中有兩種意義，一種是透過對自然的觀察和直覺而獲得原因的知識，即經驗知識（以相對於能夠獲得不變原理的科學性知識）；另一種是詩性的創作生產。經驗知識透過回憶以及手藝性製作過程而具有普遍性，譬如手工藝家，他是先看到了某個器物的形式因，然後再把質料根據此形式製作出數個一樣的製品，這個把在靈魂中創生的形式（Eidos）轉換到質料的過程被亞里斯多德稱爲「創作生產」（Hervorbringen），這也標誌著技藝所特有的實踐智特性。技藝同時被亞里斯多德描述於詩的產生過程，技藝是一種「poiésis」，一種同時具有藝術性和智性的生產。早在柏拉圖就把poiésis視爲一種藉由「原因」把某物從不存在轉變成存在的過渡（Platon, Soph. 265 b 8-10），而亞里斯多德則明確地將poiésis規定爲技藝（Aristotels, Eth. Nic. 1140 a 1-5.）。海德格以詮釋現象學的角度接收了亞里斯多德的技藝概念以運用於科技與藝術間的辯證性論述。海德格在《藝術作品的本源》中把技藝詮釋爲藝術家的創作，此創作就是一種生產（Hervorbringen）、一種poiésis，這同樣承襲著希臘語意所意指的含義，技藝並非是一種工匠性的技能，而是一種已經看見或已經察覺那個「已在場的東西」，並把它帶入圖像中使之如「從己而來」般地顯現出來，這是一種眞正的眞理狀態，即去蔽（Entbergen）。[9]海德格

---

9 參閱Martin Heidegger, "Die Frage nach der Technik" (1953). In: *Vorträge und Aufsätze* (GA 7), Frankfurt am Main: Vittorio Klostermann, 2000. S. 12-14的相關討論。

同時也處理了柏拉圖的理念論並採取了現象學式的詮釋，他將柏拉圖的理念論視為西方表象存有論的開端處。在理想國的洞穴喻中，囚者從穴壁上看見事物的影子、在火光中取下鐐銬探尋洞口的陽光，最後從洞穴到戶外而看見太陽並看見事物真正的樣子，這在海德格看來是在一種奮力的去蔽過程中追尋理念，這個去蔽過程最後所達到的無蔽狀態即是「真理」，在此他恢復了古希臘真理的原始意義，真理一開始並非後來符應論的正確性意義，而是一種在活動性和場域性的展開過程中所達到「無蔽狀態」。這種從陰影到太陽的逐漸去蔽過程是一種把真理形塑出來的創作生產（Hervorbringen）的過程，這就是「技藝」的本來意義。

3.「技藝與先驗想像力的類比」[10]：理念的真理觀發展到近代哲學發展成符應論。在柏拉圖的理念論中，很形象性地描述了追求真理的三個過程，陰影、太陽與中間的追尋過程。按照海德格的詮釋，陰影可類比於日常的經驗與判斷；太陽被比喻成一切理念的理念，善理念；中間的追尋過程被看作是囚者從洞穴向日光、又從日光回到洞穴的過渡，對海德格來說柏拉圖的理念論是一種尋覓與求得理念外觀的過程，此過程既是「造形」，即使理念現實化，此整個過程本身就是無蔽式真理（無蔽者即最真實者）[11]。接著海德格認為在歷史的發展中，此種源初的真理觀轉變成正確性的真理觀，即判斷陳述與事實相符合即為真，亦即命題的真假是在陳述句中述詞與被陳述者的相符應，海德格所分析的這種符應真理觀我們同樣可以在康德的直觀、範疇與圖式論的綜合判斷思想中看到某種影響，如在《純粹理性批判》中康德認為真理就是知識與其對象相符合（KdrV,

---

[10] 一位審查學者認為本小節所引述與闡釋柏拉圖、康德與海德格間之討論有所不足，筆者在本小節整體內容上做了若干補充說明。

[11] 參閱Martin Heidegger, "Platons Lehre von der Wahrheit", S. 226-230的相關討論。

B 83）。另有理念可類比於先驗的範疇的理解[12]。在此，感性直觀的現象在詞語中化爲被陳述者，它將與詞語中的知性概念相符合而達到一種正確性。在詮釋現象學的提出與發展中海德格試圖先在一種基礎存有論的角度探索此種符應論的深層結構，亦即找出此論的存有論根源。海德格把提問置於概念範疇與感性直觀與料如何結合在一起的問題上，這個「如何」就是使兩異質的東西結合在一起的綜合過程，這勢必要有一個第三環節來結合兩者，此第三者不但是一種中間物，也是一種過程，既具時間性亦具空間性，在康德那是透過一種圖式化過程來進行綜合，又此綜合過程勢必是源於一種第三基本能力的作用，在海德格看來，即先驗想像力。在先驗想像力中蘊含著近代表象主體論的思想源頭，即以一種純粹的自發接受性發動對知性與直觀的自由聯繫並使兩者得以統一綜合。我們可以把海德格所分析的這個綜合過程的「如何」本身視爲從康德學進入現象學的詮釋學領會之門徑，亦即從康德式的表象主體論過渡到基礎存有論的此有領會之基本特性上。在海德格把康德詮釋作爲一種思想的庇護所來看，此有之領會可以說是一種在世存有式的「綜合」，「爲何故」式的指引方向，將被拋性、事實性與未來之籌劃理解爲共在式的「綜合」，此觀點發展到海德格後期即以技藝說來闡釋在「生發事件」（das Ereignis）境域中的人主體之能力。因此技藝做爲一種參與了從隱蔽到無蔽的眞理發生過程之詩性能力，我們從海德格的柏拉圖詮釋聯繫上其康德詮釋，以看出技藝問題在先驗想像力論題上獲得了現代性意義。因爲在海德格解構存有遺忘史的視野中，柏拉圖正是西方存有論的第一開端，康德則是對此存有論傳統的第一位近代批判者，此關鍵在於存有問題被康德轉化爲以方法（即其先天綜合

---

[12] 此點可參閱 *Historisches Wörterbuch der Philosophie* (Bd. 4, 55-134). [Hrsg.] Joachim Ritter, Münster; Basel [u.a.]: Schwabe, 2004. S. 114.的解說。

判斷）來定義的存有論。海德格將康德思想中的先驗想像力詮釋爲超驗方法的原初基本能力，因爲先驗想像力是一種中間環節，透過一種圖式化程序使得知性範疇與感性直觀得以連結，我們可以類比地看見柏拉圖洞穴喻的現代論述模型，技藝一方面具有的領會理念外觀的能力，另一方面又具經驗實踐的功能，這如同先驗想像力以創作圖像將範疇與感性兩端綜合起來的特性。[13]然而就如同柏拉圖的理念論同時內涵知識、道德與藝術觀一樣，海德格的先驗想像力詮釋同時納入了存有論知識之內在可能性、審美判斷力和目的論思考，這樣的思考企圖返回到一種整體統一性的思維向度，亦即過渡到其「此有論」。

　　海德格詮釋古希臘的技藝並非是單純地恢復古意，而是中間經過哲學史上相關問題的思辨與轉化，最後在詮釋現象學的視域下以技藝問題呈顯出眞理無蔽的問題。技藝在古希臘時所具有把形式轉換到質料的中介性創作能力被海德格賦予了在無蔽眞理中的關鍵角色，技藝就是將存有者從遮蔽處被獨特地帶往其外觀的無蔽中的一種「創作生產」（Hervorbringen）（Heidegger 1935/36: 47）。這是一種藝術能力，但此技藝所著重的並非其手工藝製作的才能，而將存有者以其理念外觀進入萬物相關聯、相互輝映的意義場域中的一種帶入與創作，使得萬物原本隱蔽不顯的狀態被所賦予的理念外觀所揭示顯現了。海德格的理念論詮釋帶有一種爲藝術平反的想法，如果說柏拉圖在理想國中是一種貶抑詩藝幻象以及二流的模仿者的唯理主義，自爲自在的善理念才是眞正的眞實[14]，海德格則採取了某種尼采式的反轉，作爲中間性的技藝使得理念與事物的結合過程以及所特有

---

[13] 一位評審學者在此指出「圖像」與「圖象」之間的差異，以及此圖像是否為純粹圖形？抑或是是美術意義上的圖畫？本文在15-16頁處筆者有完整的相關回應與補充，請讀者一併參閱該頁註釋。

[14] 參閱柏拉圖《理想國》598a以下。Plato (2000). *Der Staat: griechisch-deutsch. Res publica = Politeia.* [Übers.] Rüdiger Rufener; [Hrsg.] Thomas Alexander Szlezák, Düsseldorf, Zürich: Artemis & Winkler.

的圖像性綜合才是思惟（尤其是存有論思維）的本質所在，因此藝術創作的顯象功能肩負著將存有者以理念外觀進入在場的「揭示去蔽」功能，以及使隱蔽狀態轉變成無蔽狀態的真理發生之任務。對此我們看到海德格在《藝術作品的本源》裡的這兩句話，

> 真理作為存有者之澄明和遮蔽，乃是通過被詩意創作（dichten；gedichtet wird/作詩）而發生。一切藝術作為存有者本身之真理到達的讓發生（Geschehenlassen），其本質上都是詩（Dichtung）。[15]

此種揭露去蔽的技藝被描述成一種詩性創作（作詩）。真理並非是後來符應論的等同性意義，而是從隱蔽到無蔽的展開過程，此過程不但具有時間性和空間性、亦具有辯證性，因為存有的發生是從無到有的展現與揭示，此發生過程產生了時間性，而此展開在諸多存有者間形成一種在世存有意義上的空間場域—「澄明」；而無、有是一種辯證，亦即以理念外觀在去除存有者原本隱蔽狀態的同時也排除了其他的揭示可能性，因此真理澄明具有雙重遮蔽特性。這種將真理創作出來又保存起來的生產就是技藝，一種詩性遊戲，詩在此意謂著以某種語言性技藝來創建與保存真理的一種方式。嚴格而言，海德格的藝術論企圖超越傳統美學脈絡對藝術的討論，他認為藝術與藝術作品是與存有真理有著本質性的同一。藝術創建與保存真理，這種說法並不是指藝術裡有另一種「藝術的真理」，而是藝術本身就是真理，是真理的顯像方式。海德格的思想意圖顯然是探尋或回復

---

[15] 參閱Martin Heidegger, "Der Ursprung des Kunstwerkes". In *Holzwege*. Frankfurt am Main : Vittorio Klostermann, 1963, c1950. S. 59. "Wahrheit als die Lichtung und Verbergung des Seienden geschieht, indem sie gedichtet wird. *Alle Kunst* ist als Geschehenlassen der Ankunft der Wahrheit des Seienden als eines solchen *im Wesen Dichtung*."

一種「本源眞理」（ursprüngliche Wahrheit）[16]，此眞理是在後來藝術與眞理的區分之前、是在眞理符應論以及後來科技世界觀眞理之前、是在藝術成爲美學之前的「藝術眞理」或「存有眞理」，由於其特性無法用形式邏輯來定義，而必須用「作品」、「事件」來描述。

（二）藝術自由與技藝的使自由活動：一種投入到眞理狀態的「使在場」活動

若把海德格的技藝論與康德審美判斷聯繫起來，其間的關係是很複雜的，除了康德的批判哲學與德意志觀念論的主流論述脈絡之外，還牽涉到新康德主義、哲學詮釋學問題與尼采思想，由於限於本文研究範圍，這複雜的思想交鋒與脈絡的梳理不在本文討論範圍，而是選擇了海德格如何透過尼采的權力意志思想反省了藝術在康德哲學思想中的主要精神：技藝／藝術是一種對於「自由的喜愛」的培養。

我們在上節討論到海德格藉由古希臘的技藝概念來表明藝術的根本特性並不在手藝能力，而是如何將眞理呈顯，藉由理念外觀把存有者帶入在場，技藝的創作特性就扮演著重要的核心能力，也顯現出藝術與眞理的同源性。技藝就是一種進入此種藝術眞理狀態的「詩性遊戲／創作」，此創作是一種使人與物進入自由的活動，此種自由論我們可以從海德格採取尼采式的柏拉圖顚倒觀開始進行解讀。

在尼采思想中進行著一種把柏拉圖抑感性重理念的二分架構倒轉過來的思考，亦即眞正現實的東西是感性，理念反而是虛假的。另外尼采也談「藝術家—哲學家（Künstler-Philosoph）」概念，他認爲藝術的天職是

---

[16] 參閱Martin Heidegger, *Sein und Zeit* (1927). Tübingen: M. Niemeyer, 1963. S. 297. 以下簡稱*SZ*。

賦予型態因而決定了甚麼是真理，因此藝術是更高級概念[17]。海德格從尼采思想中讀出了一種想法，即藝術具有更為本質性的地位，因為它肯定感性、肯定假象，而真理的基礎必須奠定在感性上；那種超感性之物、自為自在者、理念，由於是從感性與假象生成發展出來的，因此其價值性反而不如感性假象，這樣尼采與柏拉圖的體系結構與價值序位是完全相反的。然而海德格對尼采這樣的想法卻帶有某種批判性的保留，此評判顯示了海德格的藝術思維採與了某種中間向度，或者說「基源」向度。海德格的看法是：

1. 尼采與柏拉圖的差別其實並不是一種本質性的差別，他們兩者其實依賴著並共同完成了西方形上學的整個輪廓，即上下結構的二元價值體系，即使兩者的順位是相反的。現在海德格的任務就是要進一步揭示出此體系的基源。

2. 尼采的意志問題則給出了此二元體系中基源向度的可能性答案，也就是「權力意志」思想正是追求形上學最本質的核心，最根本的動力。

3. 藝術作為權力意志的突出型態或最高（最基礎）型態，其特性正是一種對於一切追求的追求，一種本質的至高追求，一種「自由精神」。

海德格串起尼采與柏拉圖的思想線索，找出了在兩者思想深處的共同基本架構：一種原始的二元論；而在尼采處海德格更發現了此二元論的「根」：一種展開表象思維的權力意志〔或一種自由的權力意志〕。在尼采藝術思想中描述著一位本質性的主角象徵著藝術的根本精神，即「戴奧尼所斯精神」—自由；但此自由是與肉體狀態聯繫在一起的，也就是說，在藝術中藝術家的肉體與情感奔放是自由狀態的內容，但此狀態又不純然是「生理學的」，因為否則藝術就必須還原成神經細胞的刺激和反應的化學

---

[17] 參閱Martin Heidegger: (1961). *Nietzsche.* Bd. 1, Pfullingen: Neske, S. 79.

變化了；而只能說是「生理學式的」，也就是藝術狀態緊繫著肉身狀態的變化，海德格從這個角度看到了另一面向，他認為尼采的藝術生理學之語所要表達的其實是權力意志所自發湧現的力量感與豐富感，此湧現是一種統一整體狀態的提升，並非僅止於肉體而已，而是那種發生在陶醉感中整體身心的自我超脫與提升[18]，這就是尼采所嚮往的自由精神。我們可以在尼采晚期著作《善惡的彼岸》（JGB）把自由精神視為一種自我超越，這等於是將其早期戴奧尼索斯精神的生命衝動到後期權力意志思想的哲學性結語，尼采藝術思想中關於美的論述之真意就是一種自由精神的呈顯[19]，是生命真正的形上學活動。[20]因此海德格引證尼采「對我來說美（在歷史學上考察）：在一個時代最受尊敬的人身上顯明出來的東西，就是作為最值得尊重的東西的表達。」（Heidegger 1961: 131），這個東西海德格認為可以「用康德的話來說—自由的喜愛」（Heidegger 1961: 122）來說明。

因此現在海德格的問題意識來到了關於藝術的自由問題，他為此援引康德的「自由的喜愛」和尼采的「自由精神」討論了藝術自由問題。

海德格認為尼采藝術觀中的自由精神可以在康德的審美判斷力中關於「自由的喜愛」之觀點來說明，然而康德是在判斷力批判的脈絡下來談論此自由，且這種自由是一種知性和想像力間的一種自由聯結的遊戲，而並不是實踐理性批判的自由，而尼采的自由精神是一種突破唯理主義認識論

---

[18] 參閱Martin Heidegger: *Nietzsche*. Bd. 1. S. 124.

[19] "Man hat bisweilen unter Genie eines Künstlers seine höchste Freiheit unter dem Gesetz, seine göttliche Leichtigkeit, Leichtfertigkeit im Schwersten verstanden." 參閱Friedrich Nietzsche, *Sämtliche Werke: Kritische Studienausgabe in 15 Bänden*. [Hrsg.] Giorgio Colli und Mazzino Montinari, München [u.a.]: Dt. Taschenbuch-Verl. [u.a.]. (KSA 13), S 406.「人們有時會把藝術家的天才理解為其在法則下的最高自由、在最沉重中的神性輕盈、放鬆。」（林東鵬譯）

[20] 參閱KSA 13, S. 522.

與基督教道德問題的藝術權力意志，因此這裡的問題是兩種思想是在何種面向上可以作爲一種思想上的連結，而不致造成一種強加解釋呢？答案就在「人」的自由問題上。

首先康德把判斷力批判視爲把哲學的純粹理性和實踐理性結合唯一整體的手段。在此脈絡下判斷力是有先天立法能力的，此能力是「把特殊思考爲包含在普遍之下的能力」[21]，這種由下往上的歸攝被稱爲反思性判斷。此種反思判斷不但可以補足純粹知性先天規定時所時常遭遇的例外（可以超出規定做一種自由聯繫），也涉及到把實踐理性的超感官自由產生出實際的效用（使願望在合目的性上成爲客體）[22]，因此反思判斷力可以成爲自然概念和自由概念之間的中介。依此脈絡海德格在其《康德書》所提出的存有論之內在可能性論題裡挖掘了康德哲學中隱晦不明的知識之根的問題，並做一種「現象學式」的定位：將先驗想像力的自由視爲不可還原的第三基本能力，並視爲理論理性和實踐理性的根。這其實是用第三批判的視野回過頭來重讀第一批判和第二批判，把先驗想像力置於康德學的基礎存有之位置，因此其自由不僅是和知性間自由的聯結與協調，其本身所具有的純粹自發接受性及其純粹構圖能力更被深層地詮釋爲康德先驗哲學的「根」。

依此脈絡現在我們回到審美判斷的問題上，康德的審美判斷是一種美之自由的喜愛，是一種不帶功利的鑑賞判斷（Geschmacksurteil），並且

1. 「判斷者因爲他所投入到對象上的快適而感到全然地自由」[23]。

---

[21] 參閱Immanuel Kant, *Kritik der Urteilskraft*. [Hrsg.] Karl Vorländer, Leipzig: Meiner, 1922. S. 15。以下簡述爲*KdU*。

[22] 參閱Kant, *KdU*, S. 13.

[23] "Denn da es sich nicht auf irgendeine Neigung des Subjekts (noch auf irgendein anderes überlegtes Interesse) gründet, sondern da der Urteilende sich in Ansehung des Wohlgefallen, welches er dem Gegenstande widmet, völlig frei fühlt: ... ."

2. 又具有普遍有效性，即使是「主觀的」普遍有效性。

3. 具「合目的性」。

4. 鑑賞判斷根據共通感。

康德關於美之「自由的喜愛」論述在其先驗哲學架構下既不具客觀知識性，只具彷彿如知性般給出規律的類邏輯判斷；亦不具實踐的合目的性，只是一種類比地有自然的合目的性。康德把這種美的自由同時排除了為知識與道德奠基的地位，並以一種否定描述來說明此種自由的純粹性與中介性；康德這種闡釋被海德格帶到了基礎存有論的脈絡，並予以現象學式的詮釋，此詮釋的基本理路在於把此中間環節的判斷力予以：

1. 「純粹化」，對於事物美的照面既「不是」著眼於利益與目的，也「不是」為了知識之正確性，也就是說「不是」為了某種「手前性」（Vorhandenheit）（海德格語）之目的，而是以無關乎個人愛好和道德原則的單純方式關涉對象，用海德格的話來說就是單純地「讓事物自行呈顯」，因此康德的「自由的喜愛」被海德格解釋為「我們必須讓與我們照面的事物本身純粹地作為它自身、以它本身的等級和地位出現在我們面前……。」[24]；而審美判斷力的無目的的合目的性正可以來解釋那種不會受到享受或快適的目的而考慮的目的狀態。

2. 「基源化」，其中他將想像力的自由所獨具的「自行給予的必然性」[25]顯題出來，以證成人類理性之「有限性」問題，有限之處在於人無法脫離直觀和知性之二元模式去認識世界，因此形上學之意義只能在依此二元模式下所進行的先驗綜合中所給出，也就是超越源自於有限。而先

---

[24] 參閱Martin Heidegger: *Nietzsche*. Bd. 1. S. 129.

[25] 參閱Heidegger: *Kantbuch*, S. 155。

驗綜合的基源狀態，即先驗想像力[26]，所具有的「純粹自發接受性（reine spontane Rezeptivität）」[27]正是觸及到有限此有的基源狀態：「時間」，這「屬於人類之（自然）本性」的形上學，「康德對作為『反思的欲望』的審美行為的解釋深入到人類存在的一個基本狀態之中，在這個基本狀態中，人類才首次到達其本質的根據的豐富性。」[28]在此海德格把康德的審美判斷力的自由視為基礎存有論的基本狀態，並在先驗想像力與時間問題上顯現出此有的有限性問題，這正是海德格為形上學問題的內在可能性所提供的解答。

現在海德格在康德的「自由的喜愛」和尼采的「自由精神」討論中把藝術的自由問題導向人類此有的基本狀態問題，即人類此有的一種自我反思、自我超脫、自我提升的狀態，以海德格的用語來說就是此有（Dasein）的「綻出狀態」－超脫與提升自己以進入到存有的「已在場」中。如果我們檢索《存有與時間》和《論真理的本質》我們可以清楚讀出海德格的自由思想，這種自由是此有逐漸脫離常人之繁瑣狀態（畏），自我提升地朝向「最本己能存有」（eigenstes Seinkönnen）的過渡性存有[29]，一種「讓存有者存有」（das Seinlassen von Seiendem）[30]，亦即參與到存有者的敞開狀態中。總地來說，自由是一種人參與到無蔽狀態中，其中存有物和人彼此情態式地、「為何故地」相互關聯著（Stimmung），並一同構成意義，這種人的參與投入海德格描述為「綻出的（ek-sistent）」[31]。

---

[26] 在此有第一版和第二版的差別。

[27] 參閱Heidegger: *Kantbuch*, S. 153。

[28] 參閱Martin Heidegger: *Nietzsche*. Bd. 1. S. 123-124。

[29] 參閱Martin Heidegger: *SZ*, S. 188/ S. 193。

[30] 參閱Martin Heidegger, "Vom Wesen der Wahrheit" (1930). In: *Wegmarken* (GA 9). Frankfurt am Main: Vittorio Klostermann, 1976. S.187.以下簡稱*Wahrheit*。

[31] 同上註。

這樣一來海德格所詮釋的尼采「陶醉感中的自我超脫以及提升」與康德的「反思的欲望的審美行為」就得到了在其基礎存有論思想中的內在關聯，揭示了人類存在的一個基本狀態，在這個基本狀態中，藝術的自由問題尤其能表達此狀態的豐富性。

　　而技藝就是「……知識著和行動著的人在φύσις〔自然—湧現〕中間、並且以φύσις為基礎的一種顯突，……是一種到達（Ankommenlassen），即：讓已然在場的東西到達。」[32]海德格以自由問題傳達出一種人在自然中使存有者在場的方式：就是在存有中使物在場。「存有」彷彿如一中介性的開放場所，讓萬物得以進入其內形成意義、彼此關聯，技藝就是一種人的「讓……在場」的領會（Wissen），並且是以某種「由下而上的使在場」活動，這種方式並不是素樸的，不是任何一種工具性地簡單直接地運用某種手前性能力，而是一種深層的「已經知道」或「已經看到」。這如同柏拉圖的回憶說，人在靈魂中早已知道了某事，而求知過程只不過是一種回憶，用現代哲學語言就是一種反思的過程，即把直觀中的特殊對象歸攝到普遍的概念之下，但技藝的領會其內含更為基源，它甚至是一種沒有反思的判斷，一種共通感判斷，此點我們將於下節進一步討論。在海德格的語彙裡，超脫在世存有中「常人」的干擾、從身體與心理的二元性中逐漸找到兩端賴以綜合聯繫的中間性、更是基源性的狀態，此即回顧到自己最本真的、最整體的基源狀態，即使中途遭遇死亡問題卻能得以自我提升，從而自己能看見和進入到一種萬物相連的開放場所，「存有」，人開放地進入其中也能夠「主動地」以一種顯像方式將其他存有者帶入在場。因此技藝就使一種使某某自由的活動，使自己和萬物自由，自由就是進入在場，就是存有者之解蔽。

---

32 參閱Martin Heidegger: *Nietzsche.* Bd. 1. S. 97。

（三）技藝的自由形塑與教育[33]

在海德格的詮釋現象學脈絡中「自由」顯然是一種進入敞開狀態的過渡，從超昇與提升自己而參與到存有者之被解蔽狀態中，這種過程在海德格的洞穴喻詮釋裡被顯題化為一種「形塑過程」，所形塑的是人的心靈整體。柏拉圖在洞穴喻中描述了囚徒從火光照映在牆上的陰影、到洞穴外看見光亮下的事物與太陽的過程，這個在哲學史上著名的譬喻被海德格讀出了一種「轉向」（Umwendung）的形塑過程，「形塑意謂著從初次照面物的領域逐漸適應地移位到另一個存有者呈顯的領域意義上的轉向。」[34]此詮釋的重點在於囚徒看見理念的過程是在一種逐漸轉向中發生的，從陰影轉而看到火光、從火光轉而發現洞外光亮、從光亮轉而看見太陽，最後又從太陽轉而回到洞穴，此過程首先發生在整個「心靈整體的追求方式」（Heidegger: 1976, S. 216）的轉向，隨後才能朝某處去看；也就是人首先不滿足那種昏暗不清的觀看進而企圖脫離、冒險、試探地改變，這不但是觀看方向的變化，更首先必須是整個心靈的變化，海德格闡釋為「人的存有」的轉向。海德格的洞穴喻詮釋在這則故事的描述裡頭發現了心靈觀看

---

[33] 針對一位審查學者質疑本節應予以刪除，理由是a.在內容上教育問題的涉及不多；b.跳開了技藝的討論，在海德格技藝論與康德圖式論的連結論述中涉及教育問題太過邊強等。對於此兩問題本文除了進一步在此節中補充海德格與高達美的教育論述之外，筆者首先要強調教育論述在海德格那就如其他「實踐向度」（諸如藝術、政治、科技和詩歌）之論題一般並非是一種教育學或藝術學或政治學等等的專門學科式的闡釋，而是各個論述都是早已相互關聯地嵌入在存有論的大脈絡中，因此各論述也散見於不同思想課題的討論。如海德格的教育觀點可見於《柏拉圖的真理學說》、《康德書》、《尼采》、《技術問題》等等。另外本小節之教育論述只作為一種導引，作為在第三章節「關於生命情感與場域向度的教育觀：在康德審美判斷力脈絡下的詮釋學技藝論引申」之教育觀的引介準備，在此段中透過康德審美判斷力的主題論述來具體討論海德格技藝的教育意義，此論述方式是嘗試在海德格與高達美的不同哲學論題下抽取出技藝式教育的應用性含意。

[34] *Wegmarken*(GA 9), S. 218。（林東鵬譯）。

方式的微妙變化，人的尋找首先在於心靈之眼的轉向，方法的改變影響了觀看角度與視野的根本性轉向，這種方法為主導的存有論成為海德格從古希臘柏拉圖處尋找現象學式「存有」之詮釋源頭。[35]而這種持續不斷與多層次的轉變過程展現了一種形塑過程，而這是要在人的心靈整體中形塑甚麼呢？海德格說，就是從束縛逐漸解除、從晦暗迷亂逐漸澄明，以及從遮蔽逐漸揭開的形塑，也就是進入真理的形塑。因者戮力追尋在理念域中看見了萬物本身以理念（理念外觀）之姿而自我呈顯，此不斷解放以朝向理念的每個轉向過程才是自由之真意。海德格藉由柏拉圖的洞穴喻詮釋提出了自由是一種轉變與過渡，每個轉向串起了整個「自由的形塑過程」，此即「教育」之含意。

理念的追尋與形塑是自由的真諦、也就是真理顯現的整個過程，這裡我們可以首次讀出海德格在存有論上對於教育的基本定義。教育是一種對於理念的獲取，然而這種獲得並非是一種對於公理或原則的推論而得，並非首先是在語句邏輯中推導出一種正確性含義的概念，而是在環境脈絡中、尤其是在歷史性的、甚至民族性的精神場域中對於典範圖像的追索與形塑。此教育思想也不在探討一種具體的教育課程或實務體驗，甚至不是一種人格發展或者某種天賦的培育過程，而是一種在西方思想文明中對其存有論本質上的內在可能性奠基；海德格以「圖像」（Bild）之字根為線索討論「摹本」（Nachbild）和「範本」（Vorbild）作為一種典範圖像意義來討論「教育」（Bildung）[36]的本質。當然海德格並未有專門的教育理

---

[35] 此論自海德格的《存有與時間》開頭就提出了此問題，而在之後的不同文章著作中亦常回復此基本命題，如《藝術作品本源》討論「開端」與「外觀」問題，又如《論根據的本質》討論了存有與根據的問題。海德格在其諸多著作中不斷重提基本問題之原因就在於「存有」問題必須被理解為方法性的、而非實體性的。

[36] Bildung在德語中有許多含意：1.構形，物體或詞語的被塑造出來，如「形成氣泡」（Blasenbil-

論，而是散見於不同問題視域的文章中，譬如在三〇年代極具政治爭議的《德國大學的自我主張》中認為德國大學的教育本質就是追求科學並同時追求德國民族歷史精神的意志；這裡科學與民族精神在當時的時代氛圍與民族的命運共同體中結合在一起為朝向教育目標前進，此目標被海德格描述成「精神—歷史性此有之開端」，一種「希臘哲學的奮起」[37]，此理念即是到達存有者整體之精神圖像。顯然我們可以把握到海德格的教育觀是深深根植於其存有命運的大敘事中，存有的生發與開啟並被遣送流向存有者間，這個過程如同在遮蔽陰暗處開啟一光亮的世界區域，澄明，不僅構成了歷史的命運，也形成了此區域的文明教化，此中的教育意義應在此宏觀視域中來理解，而人及群體命運在此存有生發與命運形塑過程中達到了自由。

海德格所闡釋的「自由的形塑過程」在十九世紀轉變成西方人文主義的教育意義，此點海德格雖提到了此傳承變化但並未在具體的人文主義問題上深究此一面向。海德格以其獨具的基礎存有論觀點溯回到哲學史的開端處，對「教育」之詞語的原始命名做探究。他挑選了古希臘柏拉圖與亞里斯多德的技藝論以展開與鋪陳其基礎存有論的教育觀，以表達這種內

---

dung）、「形成雲」（Wolkenbildung）、「形成意見」（Meinungsbildung）、「構成句型」（Wortbildung）；2.教育，教養、培育，指人透過教育或培訓而擁有一些素養、知識和能力，如「培育」（Ausbildung）、「職業教育」（Berufsbildung）、「高等教育」（Hochschulbildung）；3.教化，現存已為許多中譯所採用，但以此語在現代中文意義中已有某些語意發展成一種把不良的改造成好的意涵，在某種程度上失去了原本那種陶冶教化之文化層面，故本文採用教育之翻譯。

[37] "Nur dann, wenn wir uns wieder unter die Macht des *Anfangs* unseres geistig-geschichtlichen Daseins stellen. Dieser Anfang ist der Aufbruch der griechischen Philosophie." 參閱Martin Heidegger, "Die Selbstbehauptung der deutschen Universität" (1933/34). In: Gesamtausgabe, I, Abteilung: Veröffentlichte Schriften 1910-1976, Band 16, Reden und andere Zeugnisse eines Lebensweges (1910-1976), Frankfurt am Main: Vittorio Klostermann, 2000. S. 108。

涵著人存有「轉向」與真理「去蔽過程」的「形塑/教育」（Bildung）；又選擇了尼采與康德來進一步以現代哲學語言來論述「藝術的自由」問題與「藝術真理」問題，以論證技藝的自由活動是一種真理的「形塑/教育」，在此論述脈絡裡，藝術無疑扮演著使真理顯現的造形角色。技藝作為人此有揭露與汲取自古希臘以來的文明命運、傾聽存有生發之音以及覺知存有物以理念而得其外觀，這種創作能力可以被理解為教育過程所要培養的核心能力。

如果我們關注海德格所闡釋的教育問題在西方人文主義歷史與應用面向上的發展與效果，我們就會獲得這些概念意義的語境脈絡與其根植的文化土壤，並發現到海德格獨特的語彙與思想方式其實有一種（生命因素）脈絡上的思想傳承，此面向我們可以從高達美所承襲的詮釋現象學所關注的論題分析中，讀到「藝術」與「教育」在西方傳統人文主義的歷史脈絡中有著豐富的意涵。這些討論出現在高達美的《真理與方法》的第一部中，從中我們可以很快地讀出它們與海德格的詮釋現象學之間的血緣關係。高達美接續著海德格的教育觀，認為教育是一種「由下而上的使在場」活動過程，一種「向普遍性提升的過程」[38]。但他更著墨於這種活動在人文主義傳統中的概念生成發展，譬如教育是一種具圖像性的形塑意涵，這種圖像化的形塑是一種理念型塑，它在中世紀是上帝形象在人中形塑的過程，此歷史檢索補充了海德格從古希臘直接跳到近代哲學的圖式論所遺漏的中世紀醞釀發展過程。高達美在此所描述的重點在於，教育實是一種精神性的烙印，將一種無論是宗教上的、還是人文主義上的理想典範在人中鑄造塑形，在此背景下到了文藝復興時期，教育意涵在除魅意義下是使人的一般本質成為一個普遍的精神存在。接著高達美談到近代德國古

---

[38] 參閱Gadamer: *Wahrheit und Methode*, S. 94。

典哲學時期特別援引黑格爾思想中的「返回自身」觀點，教育是一種以異化為前提的返回自身，亦即人必然朝向他者然後再度返回自身，此返回就是一種精神性提升。本文將在下節討論高達美在人文主義歷史背景下（尤其是在康德背景下）的幾個審美教育論題：「共通感與審美判斷」、「圖式與象徵」、「作品與遊戲」三個子題嘗試性地討論技藝在西方人文主義的藝術問題中的展開與效應，並呼應並引申海德格的技藝論，即理念教育論。

三、關於生命情感與場域向度的教育觀：在康德審美判斷力脈絡下詮釋學的技藝論引申

（一）技藝一：共通感中的審美判斷

　　技藝是一種「已經看到」、一種「使自由」、一種「由下而上的使在場活動」，此種在亞里斯多德那意謂著具手藝創作特性的經驗知識被海德格賦予了更豐富與深層的內涵。在海德格的理念論詮釋裡，技藝扮演著使進入到無蔽狀態的「知識著和行動著」的能力，使得它富有phronesis（實踐智）含義；而進入到海德格的康德詮釋脈絡裡，技藝更被賦予了「由下而上式」的使在場活動，亦即使存有者投入到一種場域性的開放中使得彼此相聯，而這種投入是一種既具思想性又具行動性的參與，說它是僅屬於審美判斷但又多了實踐因素（因在康德那審美判斷不具知識性與實踐性）；說它是知識性的，但又不是科學意義上的知識（因在康德那頂多是一種部分智性化了的鑑賞判斷），因此問題在於海德格尋求康德先驗理性的內在統一性根源，企圖找尋一種理性尚未被區分前的整體性實踐智，本文將以此問題意識引申他的技藝論義理。此點高達美做了更細膩而具體的

論證，為此他回顧了西方人文主義的傳統：「共通感」（*sensus communis*）一詞，它既是審美的、也是道德的，而審美判斷就是根據共通感所做的評判。對此高達美討論了維柯（Giovanni Battista Vico, 1668-1744）的教育觀：即培育共通感，這種共同的感覺具有某種普遍性，但並不是理性抽象的普遍性，而是一種包括歷史的、民族的、文化的、政治的和習俗等等的混合體[39]，根據這種共通感我們可以對於變化萬千的具體情況做出（非認識的）把握與道德適應（某種實踐智），而培養共通感要在教育中使用論證法（Topica），而非笛卡爾的批判法（Critica），並以想像力與記憶力來形塑一種「形象」（Bild）。[40]原自啟蒙運動的共通感思想脈絡也影響了康德，但康德對共通感做了不同面向的側重，並與判斷力結合在一起使用。康德在《判斷力批判》說到，「為了使鑑賞判斷在要求每個人的贊同時都能歸攝於一個共同的根據下，因此必須預設一個必然性條件以作為根據，但由於這種原則的感覺只能『是主觀的』……因此只能『按照情感』來做判斷，但它又不是單純的感官愉悅，而是能夠有普遍有效的使人喜歡或討厭以及普遍可傳達。」[41]與維柯把共通感視為一種實踐智不同的是，康德在這裡把依據共通感的判斷力去除掉客觀知識的因素，也排除掉道德的因素，把共通感限縮到鑑賞判斷的普遍可傳達性上，其中只涉及想像力的「自由合規律性」（第一編總註釋，*KdU*, S. 82-83），也就是想像力在其中發動創造力造就某種自由，並與知性協調一致。

　　高達美所解讀的這種康德式共通感顯然不為海德格所滿意，海德格嘗試擴展康德先驗想像力的奠基地位，將它視為康德先驗理性之「根」。

39　參閱Gadamer: *Wahrheit und Methode*, S. 26。

40　參閱Gadamer: *Wahrheit und Methode, β) Sensus communis*此節之相關討論。

41　以上為Kant, *KdU*, §19.-§20之概述。

在其「此有分析」論題中，此有是一種與他者共在（Mitsein）以及共此在（Mitdasein）的關係性存在[42]，這是一種既是關注環境性、又是處在為世間煩忙中，因此必然首先與他物或他人一同在一種「意義關聯整體」（Bewandtnisganzheit）裡彼此相關涉，此即「在世存有」；在常人中的具體顯現就在於「公開性」（Öffentlichkeit）中，其中可和他人一同談論某主題並與彼此關懷某事，因此其中必然涉及情感與道德要求，在此意義上康德式的共通感作為一種鑑賞判斷之普遍可傳達之預設條件，顯然可被含攝在這種此有之常人狀態的共在意義底下，因為共通感已被康德縮限到更純粹化了，而共在則被指涉那種更基源、尚未採取形式抽象化的狀態。但我們若取維科的共通感含義，即一種歷史、民族、文化和政治社會的混和體，則公開性意義顯然還不足說明海德格所探究的這種更為深層的共同感覺，而要進入到此有的「本真狀態」方得以說明，因為此有的本真狀態涉及到時間和死亡問題，甚至在後期更涉及到歷史、民族與文明之關係，對此此有的本真狀態可以被涉及到某種啟蒙運動時期前康德的共通感思想的恢復。

為此高達美朝著另一個面向來闡釋共通感並觸及了海德格的本真意義，他援引厄廷格爾（Friedrich Christoph Oetinger）的想法，「〔共通感〕通過直接地接觸和觀看最簡單的事物而對明顯展示給整個人類的對象所具有的一種富有生氣而敏銳異常的感覺。」[43]此援引的重點在於共通感真正的基礎在於「生命」概念，也就是使得生命歡躍的共通感，這種感覺可以從個人連結到群體，譬如聯繫到宗教、政治社會、甚至是公民道德存在上。高達美的論點在於，共通感很難如康德那樣只被限制在審美判斷

---

[42] 參閱Martin Heidegger: *SZ*, S. 114。

[43] 參閱Gadamer: *Wahrheit und Methode*, S. 34。

上；原本歐洲17-18世紀有著複雜而多義的共通感概念雖然被康德做了決定性的引導和規定，即共通感只限於鑑賞判斷，然而海德格與高達美的詮釋現象學企圖將之回復到一種深層的「人的存有」面向，其中那種具有情感傾向的藝術力並非排除道德因素而是以一種共感方式培育它，亦非排除知識性而是支持並協調它。在此意義下康德審美判斷可被此有式的領會給涵攝，審美判斷（反思判斷）做為一種將特殊歸攝到普遍的能力將奠基於一種類似「沒有反思的判斷」[44]，即奠基於此有的理解與解釋，即詮釋學理解。此種理解是處在在世存有之意義關係整體背景中的一種「籌劃」[45]：組建著現成物的「為何故」之關聯，並在言說性的解釋中將存有者帶入在場。此種理解與解釋在海德格前期《存有與時間》中是一種核心闡述，而在後期，技藝就是扮演著這種知識著和行動著的能力。這使得原本在康德審美判斷力中的理念形塑，其理念意義在詮釋現象學的共通感下具有被解釋為在場域性的理念外觀之可能性。

（二）技藝二：圖式與象徵[46]

康德在《純粹理性批判》中說到，「圖式化是在人類心靈深處的一

---

[44] 參閱Gadamer: *Wahrheit und Methode*, S. 36。

[45] 參閱Martin Heidegger: *SZ*, S. 151。

[46] 一位審查學者分別在頁8、頁16、17、18分別對於圖式化論述提出相關問題，由於諸問題類似故在此一併回應與補充說明。學者首先質疑本文將康德的先驗想像力與圖式論是一種創作美術意義上的圖像，此評論或許有所誤解，本文從未將圖式論或是海德格的圖式論詮釋直接視為一種創作美術意義上的圖像，尤其是視覺經驗意義上的圖形，圖式論是一種連結概念範疇與純粹直觀並產生純粹圖形的程序過程，而先驗想像力則扮演此一中介性的角色，這裡不論是筆者對於第一批判的理解或是海德格的詮釋都並未逾越此一含意。海德格的古希臘技藝詮釋可以含攝圖式論，因它同時具有領會純粹理念與手工藝術的能力，在第一批判中圖式論主要是敘述知識如何形成客觀有效性的過程，所產生的圖形是一種純粹圖形，如時間；而在第三批判中圖式衍生出一種非知識性的圖像綜合能力，即象徵。因此本文認為海德格的康德書中的圖式論討論除了主要引述純粹理性批判之外還隱然涉及第三批判圖式與象徵的討論，雖然海德格本身並未如此明確敘述。針對此點本

種隱蔽的技藝」（KdrV, A141/ B180）[47]。以存有論（非知識論）為問題意識的海德格敏銳地察覺到在這隱晦的技藝處藏著康德先驗哲學中的主體論根源，此即「先驗想像力」[48]，先驗想像力能夠自我構成圖形也能自我觸動成情感，這種自己對自己的純粹關涉構成了「純粹自身性」（reine Selbstheit），是主客二元論的存有論源頭。海德格對於康德看似過度性的解讀，其目的是要挖掘康德思想的深層思維結構，並呈現其基礎存有論基本主張，因此其詮釋策略聚焦於先驗想像力，因此此處最能顯現出康德思想中的基礎存有論要素；另外我們也可讀到海德格把康德之判斷力批判

文在此小節只做概略性的闡釋，因為此文目的主要是闡釋海德格技藝論的應用面向，尤其是藝術與教育面向，因此並未深入檢索圖式、象徵與技藝間的理論細部論述，然此論述極具意義，對筆者具有發展性的思考，容後另文專述。

另外學者提出圖像與圖象之詞語內涵之差異問題，無論是現代漢語或古漢語，圖像與圖象是常常混用的，如南朝梁・劉勰《文心雕龍・諧隱》：「謎也者，迴互其辭，使昏迷也。或體目文字，或圖象品物。」或《六部成語註解・禮部》：「圖像識緯之書占治亂；圖象，以畫圖像形也。」這裡圖象指描繪形象，皆通圖像。又如晉・傅咸〈畫像賦〉：「既銘勒於鐘鼎，又圖像於丹青。」此處的圖像也做圖象（案教育部重編國語辭典修訂本）。因此本文採用「圖像」一詞並不涉及與「圖象」差異之考據，而在於以「圖像」譯德文Bild並凸顯此字的視覺或純粹圖形特性。就如德語的Bild能引中多重意義一般，本文使用圖像並不一定指涉是美術繪圖的含意，在本文涉及的哲學理論的部分大多數是指涉一種純粹圖形之含義，在討論教育或藝術的部分則有時會涉及較為經驗性的圖像。但本文主論述在於引用海德格討論柏拉圖的理念論，外觀，一種純粹圖形（reines Bild）；教育，形塑（bilden）、一種塑形過程（Bildung）、榜樣（Vorbild）、模範（Nachbild），在此都牽涉到圖像（Bild）的字根。因此本文的圖像之含義具有多重意義，在此補充說明。該學者指出海德格在這裡所闡釋的「圖象」應指「歌德與謝林所說的Urbild」，這是一個很有份量的評比，但筆者認為在《康德書》中提到的圖像（Bild）尚是分析在康德「三重綜合說」所闡釋的純粹圖形，海德格以一種基礎存有論的語言將康德形上學問題做一種內在可能性分析，目的是凸顯時間的純粹圖形特性。事實上康德亦在第三批判提到了鑑賞的原型（Ur-bild），此處是指審美的理念，因此本文所處理的圖像意涵尚縮限於康德與海德格之間，此點除了在「象徵性表達」的論題中做了處理，並補充了「範例」（Beispiel）的討論，希望能回應審查者的提問。

[47] 參閱Immanuel Kant, *Kritik der reinen Vernunft*. [Hrsg.] Theodor Valentiner, Leipzig: Meiner, 1991.

[48] 在《康德書》中海德格把「先驗想像力」等同於「時間」。參閱Heidegger: *Kantbuch*, § 33。

基源化的思想企圖，即把判斷力中的想像力從一種只具連結綜合之能力轉變成理性的基源能力，在形上學的內在可能性論題下，審美判斷力具有被詮釋爲更基源的理性能力之可能性。

圖式化的技藝在判斷力批判的脈絡下被康德進一步區分爲「圖式的」（schematisch）和「象徵的」（symbolisch），前者是關於純粹知性概念的圖式直觀化，後者則是按照反思形式的直觀圖形（是前者的類似型，無概念規定而只是間接地、類比地演示概念）。[49]圖式性表達原先在康德第一批判的三重綜合說中（如第一版）被視爲一種將概念和直觀聯繫起來的中介性綜合過程，透過一種「圖式化」運作一種「思想－直觀」模式所特有的思想連結性，即規則化的圖構，它司職著知性範疇如何感性化的過程，因此屬於知性能力的一個環節（尤其在第二版）。到了第三批判康德除了再一次在審美判斷力論題中提及圖式性表達的作用之外，與純粹理性批判不同之處在於，此圖式表達轉而被視爲一種屬於「直覺的表象方式」（intuitive Vorstellungsart），是屬於想像力在主觀中對於概念的再生和單純表達。[50]從這我們可以讀出圖式性一波三折地終究從知性處回歸於直覺想像力的表象方式，不過在此康德還提到了另一種「生動描繪」（Hypotypose），即「象徵式表達」；與圖式性表達做爲直接關涉概念相比，這是一種間接地類比式表達，也就是即使沒有相應的直觀此表達也能夠對概念作一種間接的演示。這種類比表達在第三批判那有雙重任務：「一是把概念應用到一個感性直觀的對象上，二是接著就把對那個直觀的反思的單純規則應用到一個完全另外的對象上，前一個對象只是這個對象

49　參閱Kant, *KdU*, S. 211的相關闡釋。

50　參閱Kant, *KdU*, S. 211。

的象徵。」[51]在這段敘述中提到作爲類比式的象徵性表達內含著一道轉換手續把兩個不相干的東西藉由一種想像力的聯結而產生意義，而且是一種由下（具體物）往上（概念）的間接式類比（反思），譬如以天枰象徵公正、百合花象徵貞潔等等。無論如何在鑑賞判斷脈絡下「圖式性表達」和「象徵性表達」這兩種生動描繪都是一種「直覺的表象方式」，並執行著將概念進行感性化的任務，甚至能夠象徵實踐性的理念，如「美是德性的象徵」。而這兩種表達方式都與圖像性表意有關。

海德格在《康德書》中分析了三種圖像意涵，「直接外觀」（直接經驗的圖形）、「影像」（臨摹攝像）與「理念外觀」（觀念式的圖像一般），而康德的圖式化中所產生的圖式被歸類爲理念外觀，它是把純粹的抽象概念和純粹直觀結合起來的中介物，就此海德格獨特地詮釋爲「圖式圖」（Schema-Bild）（Heidegger 1929: 103）。原本康德本身是小心翼翼地把兩字分開，傳達出圖式化重要之處並不在感性上，而在於規則化與統一化過程。[52]而海德格這種把兩個字並置的解釋則更強調了構圖過程的感性要素以及場域性要素，也就是所謂的「圖式」是一種從周圍環境整體脈絡中所決定而突顯出來的一種「外觀」（Aussehen）。因此「圖式圖」所詮釋出來的意義更具有康德在第三批判所提到的另一種直覺表象方式，象徵性表達，因爲「圖式—圖」（Schema-Bild）已表達出此種程序中所突顯的感性「形象」，此形象具有如康德在的第三批判所提到「範

---

[51] 參閱Kant, *KdU*, S. 212。

[52] 如康德所說「圖式就其本身來說，任何時候都只是想像力的產物；但由於想像力的綜合不以任何單獨的直觀爲目的，而僅僅以對感性做規定時的統一性爲目的，所以圖式畢竟要和形象區別開來。」（Das Schema ist an sich selbst jederzeit nur ein Product der Einbildungskraft; aber indem die Synthesis der letzteren keine einzelne Anschauung, sondern die Einheit in der Bestimmung der Sinnlichkeit allein zur Absicht hat, so ist das Schema doch vom Bilde zu unterscheiden.）參閱*KdrV*, A140/B179。

例」（Beispiel）、一種典範性作品之內涵。[53]根據康德，典範性形象是從經驗中擷取形象要素，此形象作為典範性圖形透過一種比例方式把某種普遍性具體表現出來，它是鑑賞的原型圖（Urbild），是一種（審美的）理念，此圖雖是種具體的（作品）形象，但它卻能把一種理念從心理產生出來[54]，甚至能表達一種道德理想，因此康德後來進一步把此種典範圖像所具有的圖像表意方式闡釋為一種象徵表達。在基礎存有論觀點下理念式的「外觀」被闡釋出其本質上的類比性意涵，亦即此可見之圖所要表達的是一種看不見的抽象普遍意涵。就如康德所說這不只是文學上或造形藝術上常用的象徵手法，甚至是哲學詞語，只要它們的敘述內涵沒有相應的直接直觀就只能是間接的類比演示，這樣一來，根據（Grund）、實體（Substanz）、上帝（Gott）等詞語其實並不是圖式性表達而是象徵式的生動描繪[55]，可以說是一種典範圖像。象徵因此可以在基礎存有論的視野下被提升到方法上的重要位置，象徵的反思性類比依賴反思的單純規則來表達概念，創造出一種圖像性的第三者來指涉一種看不見的狀態與意涵（如無法窮盡的存有者整體）。這種類比性意義海德格在《存有與時間》中甚至在「類比統一性」的闡釋裡被內在使用做為此有顯現存有的核心方法。[56]因此海德格在《康德書》中對於康德圖式論的詮釋是可以被讀出其中的象徵

---

[53] 一位審查學者建議本文加入第三批判中關於「範例」（Beispiel）的討論，本文將此概念的討論置於象徵論題之下，我們另可參閱康德在§ 59有進一步從「範例」論題進入到象徵性的生動描繪之闡釋，此描繪是對於那種無感性直觀相配的概念，進行直觀的賦予。

[54] 相關討論參閱Kant, *KdU*, S. 212。§ 17。

[55] 參閱Kant, *KdU*, S. 212-213。

[56] 海德格在基礎存有論中運用了「類比統一性」，此統一性是一種展現方式，「展開」（Erschließung）。因為此有（Dasein）之存有（Sein）意指Dasein如何展現自身，如何以一種整體性的、從己而來的、如其自身的方式展開自身，因此他說，時間可以類比這個展現方式的存有意義，「那個Dasein理解著與解釋著如某種Sein般之物之所在，即Zeit。」（*Sein und Zeit*:17）

意義。[57]

在此脈絡下海德格談到了「教育」（Bildung）中的圖像塑形之作用，教育是一種圖像（Bild）塑形，所形塑的是一種普遍抽象的典範性「榜樣」（Vorbild）的烙印，就好比在柏拉圖那的榜樣就是善理念，對此善理念的形塑就是使這種典範性外觀在具體事物中顯現。對海德格來說這是西方人文主義（Humanismus）的發端：人的本質首次在「理念（Eidos）」的形塑中得到規定，不僅指個人也是指群體、民族，它是一種人性的確定，並成為「價值」而發展成道德態度的塑造，這就是海德格義理下的教育本質意義。[58]高達美在《眞理與方法》中對於象徵的討論可以被看做「圖式圖」意含的進一步展開，並在審美問題的討論上看到了這種反思判斷力所根植西方人文主義之文化土壤。高達美認為康德所闡釋的「反思性的自由」展現於圖式和象徵的審美教育思考中，二者以不同方式扮演者將理念與感性間的結合，他認為象徵這種類比（Analogia）方式表現了不含概念的反思，是使不可見的意義整體成為可見外觀的顯像能力，這種

---

[57] 一位審查學者提問到，康德的「圖式論」與海德格「技藝論」是一種不恰當的類比，因為這把海德格的思維過度主體化的傾向。筆者認為關於海德格康德詮釋首先須回到圖式詮釋基本初衷，即如他自己所言，康德的核心問題在於回應形上學的內在奠基問題，而不是認識論或自我意識論的，此立場尤為關鍵，因為此論首先排除自我意識論的主體性立場，也排除討論知識之有效性如何可能的認識論，而是一種「存有論－方法論」之一元論向度的基本關懷。本文想要闡釋的是海德格的《康德書》具有把康德先驗想像力解釋為去主體化的內涵，或者說是去溯源康德主體論的非主體性源頭，此源頭卻是基礎存有論式的。因此海德格的技藝說亦並非是表象意義上的主體論，而是一種存有論式的遊戲說。因而在此所討論到的象徵、圖式、範例等等首先皆必須置於存有論的脈絡下來解讀，它們都是要回答存有論的方法論問題。因此海德格的技藝論作為其從前期基礎存有論的繼續發展，借用康德思想中圖式和象徵論題不但可以進一步和其西方存有史的解構任務做連結，也就是兩者都是在處理與回答形上學之可能性問題，亦可在藝術與真理的同源性命題下，重新著重藝術問題在詮釋學的優先性。

[58] 參閱Martin Heidegger, "Platons Lehre von der Wahrheit" (1931/32,1940). In: *Wegmarken* (GA 9), Frankfurt am Main: Vittorio Klostermann, 1976. S. 236以下的相關討論。

不可見的意義整體或以理念的方式存在著、或以神話的方式存在著、或以藝術作品的方式存在著。高達美進一步援引索爾格的觀點，認為象徵性的東西可以使理念性的東西完整地顯現出來，並使得理想和外在現象在作品的狀態下達到統一。高達美的解釋這使得康德的論點「美是德性的象徵」中所表達的那種把自由與自然結合為一體的狀態得到了進一步的闡釋，因為象徵性表述在一種反思的自由中能夠結合道德因素，審美趣味可和道德情感結合在一起，這也可以呼應海德格把先驗想像力視為實踐理性的根源所在。在生命、體驗與遊戲等問題探討中，圖式和象徵的審美判斷不但與知性有所聯結，亦與道德實踐結合在一起，它們形構出某種有別於自然科學真理的藝術真理，並揭示了「人類此在之自我理解的連續性」（die Kontinuität des Selbstverständnisses）[59]。

（三）技藝三：遊戲與創作

前面兩節談到了共通感中的此有式理解以及象徵性的類比表達，這兩種表達在詮釋學的意義下是關於如何把握那種不可見的、普遍的整體性意義的技藝。在康德的審美判斷力中把那種既不是知識性的、又不是實踐性的那種將「諸表象力在一個給予的表象上朝向一般認識的情感狀態」稱為「自由遊戲」（freie Spiele）[60]。按照高達美的解讀這是康德將審美純粹化或孤立化的結果，即把審美排除掉知識因素和道德因素的使得審美判斷僅具主觀的普遍性和主觀的情感狀態，僅依賴共通感的協調功能，自由遊戲被康德稱為一種可普遍傳達的狀態，我們可以據此評論引伸出，這一方面是康德思想對審美判斷的限縮，另一方面也是對其存而不論的「理性之

---

[59] 參閱Gadamer: *Wahrheit und Methode*, S. 101。

[60] 參閱Kant, *KdU*, S. 56。

根」問題的隱含與保留而只談及中介性。

而海德格首先挖掘了這一遊戲領域，他認為這種不直接涉及確定概念的認識而只是想像力與知性間相互協調一致的內心狀態其實內涵著「思維－直觀」模式的本質要素，其中更涉及到之所以能給出存有論思維（那種不涉及經驗只涉及純粹的綜合模式）的基源能力。在先驗想像力論題下，海德格那種「純粹自發接受性」之討論顯現了理性之根，進而觸及了那種作為「整體性和統一性」的理解就是「此有」的理解。在「生發」（das Ereignis）式的存有論脈絡下，遊戲概念被海德格擴展到天地神人間的「鏡像遊戲」：遊戲不只是一種人類意識中不同能力間的相互關係，而是人與自然、自由與神性的這種四維向度之空間性的相互關係；而技藝正扮演著人投入到此原初關係的參與方式，這種方式在科技表象意志論的統治時代中具有回復到此原初四維關係所體現的「冒險意志性」，這種冒險也被稱為詩人的「投入遊戲」。這也是海德格藝術論的重點之一，海德格眼中的詩人藝術家就是要在一種綻出式的自由中投入到科技意志論與原初世界－大地論之間的遮顯關係中，這種投入就是要發現這種本質性遮顯之衝突爭執所展現出來的原初型態，又稱「裂隙型態」並將其創作表達出來。

海德格的遊戲論述貌似跳離康德審美判斷的自由遊戲說另闢詮釋現象學之論述模型，即直接把遊戲說應用到其現象學式存有論之大敘事裡。然若我們深入理解海德格的遊戲說，則會察覺到其論述企圖從意識主體性向「前」[61]推進到人與物間的原初互動關係，不再是康德式思惟－直觀模式中的物我關係，而是進一步擴展到此有式存有者與其他存有物本身如何在一種更為原初的「敞開」模式中顯像、互動、成就世界並找到一種非形式

61　如「前理解」思維或「本源」思維。

性與非宰制性的存有方法，此方法即是諸存有者在「遊戲」中進行遊戲。高達美就此進一步展開詮釋學的遊戲說，他首先將遊戲活動定位爲「藝術作品本身的存在方式」[62]，採取了遊戲者和遊戲本身的本質性區分[63]，因而排除掉主體意識中的情緒態度、創作態度或自由協調狀態的意義。高達美認爲這種區分如同藝術家與藝術作品的區分，作品對於創作者而言並不是一個鑑賞的「對象」，亦即那種可佇立在對面進行欣賞或互動的對峙物；而是創作者參與到一種遊戲狀態中進行創作的「場域」。因此藝術作品的存在方式如同遊戲，它並非一種某個遊戲者的遊戲方法，而是方法本身，它甚至不受某個預定的方法所主導，而是遊戲者或諸多遊戲者在互動中有機地產生方法並顯現了這個遊戲場域，這個方法場域本身主導著它的眾多遊戲者的互動關係。因此高達美認爲遊戲對於遊戲者具有優先性[64]，且「遊戲的眞正主體並不是遊戲者，……而是遊戲本身」[65]。

康德的遊戲說基本上是在自我意識脈絡下作爲一種特殊的連結活動，以說明並解決審美判斷中的那種能夠既是私人的主觀快意又具有普遍可傳達性的矛盾性結合，此自由遊戲扮演著一種「協調一致性」，這和共通感概念有著本質上的相關。對此海德格與高達美基本上開發了此種不以人的主體能力爲主導，而是一種「關係本身」爲主導的思維，並賦予優先的地位。在高達美的論述中更直接出現「遊戲共同體」（Spielgemeinschaft）之概念，在此共同體中不但有諸遊戲者的參與也加入了觀賞者，使得「遊戲」成爲一種既開放又封閉的作品式存有。而技藝就是一種進行遊戲的活動，雖然尚屬於人主體行爲，但卻成爲一種互爲主體式的、參與地將自身

---

[62] 參閱Gadamer: *Wahrheit und Methode*, S. 108。

[63] 我們可以聯想到海德格存有者和存有的區分。

[64] 參閱Gadamer: *Wahrheit und Methode*, S. 110。

[65] 參閱Gadamer: *Wahrheit und Methode*, S. 112。

投入到此遊戲狀態本身的活動，因此海德格說技藝作爲藝術創作是被作品所規定的，是一種「進入到創作狀態的使出現」（das Hervorgehenlassen in ein Hervorgebrachtes）[66]。這顯現出了一種被動式的主動性，即看似主動參與，但實際上是在一種具眞正主導地位的遊戲本身中冒險、適應並符合規則以達到成功的遊戲。

四、結論[67]

我們再次回到海德格的技藝命題，技藝就是將存有者從遮蔽處被獨特地帶往其外觀的無蔽中的一種「創作生產」（Hervorbringen），這種藝術行爲是在一種自由的遊戲活動過程中進行，此活動過程並形成一整體性場域，一種生發式之澄明，造就了作品性之眞理意義，其中這個扮演著以可見物去顯現那不可見的整體意義之中介物—「理念外觀」並非以抽象概念之貌，而是以「主題」之姿、類似某種象徵性圖形類比地顯現了存有者整體。這種藝術的眞理、藝術作品的呈現以及藝術創作的遊戲過程不但構成了詮釋現象學之「詮釋學理解」的核心特質[68]，也顯現出在西方人文主義脈絡中所流傳的生命與情感要素的教育觀。自赫爾德和席勒以來就已經繼續發展與嘗試融合被康德所區分的知識、道德和審美的三分思想了，譬如

---

[66] 參閱Martin Heidegger, "Der Ursprung des Kunstwerkes" (1935/36). In: *Holzwege* (GA 5), Frankfurt am Main: Vittorio Klostermann, 1977. S. 48。

[67] 本文回應並採納一位審查學者的建議，將原本第參章第三節之末段關於技藝論之小結論述置換成結論內容，此舉使得本文文末回到海德格的技藝式教育的問題，並可對圖像遊戲的眞理觀做一總結性敘述以增添結論的豐富性。

[68] 無論是海德格的後期詩人說和藝術作品本源論，或者是高達美的藝術眞理作爲詮釋學理解的準備，藝術在詮釋現象學脈絡中占據了一個極爲核心的位置，這也顯示詮釋學理解中共通情感的場域性要素扮演著相當重要的角色。

席勒主張對感官的依賴性可以過渡到道德上的自由，其審美教育是一種投入到道德教育氣質的方式，甚至要求教育必須要採取審美態度。到了高達美的看法，如果一種整全式的教育從來就是西方人主義傳統的教育理想，而此理想在於形塑一種精神性圖像—「典範」的話，那麼康德的先驗批判哲學所造成的影響其實就是近代唯理性主義教育趨勢的開端，因為智性教育才具知識性，那麼就造成了道德教育與審美教育就不具培養知識教育的優位性，因而也就不具教育順序上的優先性了，這也符合近代科技世界觀所主導的教育思想：陳述與對象的正確性相符構成了符合論真理觀，這和經濟符合論與科技符合論有著本質上的同一，並共構了近代科技表象的世界觀。高達美的評論在某種程度上是引申了海德格對於近代技術問題的批判，對海德格來說，康德的先驗綜合判斷雖然動搖了自亞里斯多德以來的傳統形上學，但其根本思想還是一種表象性思維，一種以二元論構築其整個先驗哲學的思想大廈。而「詮釋學理解」正是要傳承西方自古以來人格統一性與整體性的思想線索，恢復真理的本原意義，在此脈絡下尤其彰顯與恢復藝術的實踐與真理性質，那種在唯理論思維立場中屬於低下、邊緣、只具連結作用的主觀情感領域被詮釋現象學提舉到基礎位置，此基礎之意即是一開始尚未分裂、並保留著整體統一之存有意義的內在奠基；並進一步轉化成場域性意義，即那種不只是個人主體的主觀情感而是諸多遊戲者在其中互動的關係領域。而這種兼具「情感—場域—遊戲」的存有特質就在於「圖像形塑」的詮釋學理解特性上。海德格的存有籌畫就是一種「進入光中看見」的活動，而其中存有者的圖像（Bild）將被先行提出以便被看見[69]，這種把時間作為此有之存有的類比並作為一種整體統一者而被先行拋擲出來，是以一種純粹圖像之特性（即理念外觀）來呈現；而高

---

[69] 參閱Günter Figal, *Heidegger Lesebuch*. Frankfurt am Main: Vittorio Klostermann, 2007. S. 122。

達美則繼承並展開了這種圖像特質，他在人文主義的傳統概念中開發了圖像的作品意義，並將「情感—場域—遊戲」之特性描述為藝術真理的本質特性，以此來證成精神科學的最核心所在。本文除了探討海德格之技藝論在其現象學存有論脈絡中的思想位置與作用之外，並突顯了藝術在詮釋現象學探討中的優先性，藝術作為統一性和連結性成為詮釋學理解的核心特質之一，此特質構成了詮釋現象學的核心教育意義。本文將此探討一方面置於康德批判哲學的背景下，討論審美判斷力論題所傳承下來的問題脈絡如何影響著海德格的現象學及其藝術論，另一方面以高達美的哲學詮釋學觀點展開技藝與傳統人文主義間的本質性關聯。可以說海德格與高達美皆在康德傳統脈絡下反思理性主義並回復一條重視「生命」與「實踐」的人文思維，此思維成就了一種詮釋現象學的思想特性。這些論題在實踐和應用向度上既是一種優先性，亦是一種本質性，即詮釋現象學一開始就是一種實踐性態度，此實踐性是在一種關係場域為主導的實踐、參與和展開。因此技藝在此探討脈絡中成為一種能夠進入與呈顯此問題域的核心點。

參考文獻

Figal, Günter, *Heidegger Lesebuch*. Frankfurt am Main: Vittorio Klostermann, 2007.

Nietzsche, Friedrich, *Die fröhliche Wissenschaft*. (KSA 3) (1980). In: *Sämtliche Werke: Kritische Studienausgabe in 15 Bänden*. Hrsg. von Giorgio Colli und Mazzino Montinari, München [u.a.]: Dt. Taschenbuch-Verl. [u.a.]. Zweites Buch.

Heidegger, Martin, "Kants These über das Sein" (1961). In: *Wegmarken* (GA 9), Frankfurt am Main: Vittorio Klostermann, 1976.

Heidegger, Martin, *Beiträge zur Philosophie (Vom Ereignis) 1936-1938* (GA 65), Frankfurt am Main: Vittorio Klostermann, 1989.

Gadamer, Hans-Georg, *Wahrheit und Methode: Grundzüge einer philosophischen Hermeneutik*. Tübingen: Mohr Siebeck, 1990.

Heidegger, Martin, "Die Frage nach der Technik" (1953). In: *Vorträge und Aufsätze* (GA 7), Frankfurt am Main: Vittorio Klostermann, 2000.

Heidegger, Martin, "Der Ursprung des Kunstwerkes". In *Holzwege*. Frankfurt am Main : Vittorio Klostermann, 1963, c1950.

Heidegger, Martin, *Sein und Zeit* (1927). Tübingen: M. Niemeyer, 1963.

Heidegger, Martin, *Nietzsche*. Bd. 1, Pfullingen: Neske, 1961.

Heidegger, Martin, "Vom Wesen der Wahrheit" (1930). In: *Wegmarken* (GA 9). Frankfurt am Main: Vittorio Klostermann, 1976.

Heidegger, Martin, "Platons Lehre von der Wahrheit" (1931/32,1940). In: *Wegmarken* (GA 9), Frankfurt am Main: Vittorio Klostermann, 1976.

Heidegger, Martin, "Wozu Dichter?" (1946). In *Holzwege*. Frankfurt am Main : Vittorio Klostermann, 1963, c1950.

Historisches Wörterbuch der Philosophie (Bd. 12, 460-463). [Hrsg.] Joachim Ritter, Münster; Basel [u.a.]: Schwabe, 2004.

Kant, Immanuel, *Kritik der reinen Vernunft*. [Hrsg.] Theodor Valentiner, Leipzig: Meiner, 1991.

Kant, Immanuel, *Kritik der Urteilskraft*. [Hrsg.] Karl Vorländer, Leipzig: Meiner, 1922.

Nietzsche, Friedrich, *Sämtliche Werke: Kritische Studienausgabe in 15 Bänden*. [Hrsg.] Giorgio Colli und Mazzino Montinari, München [u.a.]: Dt. Taschenbuch-Verl. [u.a.]. (KSA 13)

Plato, *Der Staat: griechisch-deutsch. Res publica = Politeia*. [Übers.] Rüdiger Rufener; [Hrsg.] Thomas Alexander Szlezák, Düsseldorf, Zürich: Artemis & Winkler, 2000.

Heidegger on education of *Techne*:
The pictorial play for the formation of *λήθεια*

Abstract

In the modern development of metaphysics, Heidegger performs ontology within the framework of hermeneutic phenomenology, which shows its practical character in the dimension of "in-der-Welt-Sein". In this context, "being" is the Apriori, which appears in the way of human existential understanding, "techne". Techne, which in the ancient Greek sense is regarded not only as empirical knowledge, but also as a kind of poetic faculty, is translated as the hermeneutic understanding: it can bring forth (hervorbringen) the ideal appearance (Aussehen) in education in which beings (things or people) can be seen.

On the one hand, Heidegger understands the Eidos in his interpretation of Plato's Theory of ideas as a *pure image* that makes many appear together in one. The gaining of this image occurs in the formation between the discoveredness and the hiddenness. This approach symbolizes "schema-image", which is considered a synthetic mediation between intuition and understanding in Kant's *schematism*, and is transferred in Heidegger to the "play" of the original truth. On the other hand, Gadamer analyses how the Eidos in occidental humanism develops into the model, which is regarded as the paragon of the learner in the educational processes. In this connection, the focus question will be the analysis of "formation" in the *sensus communis*, where the sensuous impulse can be raised to spiritual freedom from the aesthetic sensibility.

Key words: techne (technique), aletheia (truth), Schema-Bild (Schema-Image), reine spontane Rezeptivität (pure spontaneous receptivity), phronesis (practical wisdom), sensus communis (common sense)

摹仿論的幽靈：中平卓馬的「植物圖鑑」式攝影如何可能？

林盈銓

中山醫學大學通識教育中心兼任助理教授

摘要

　　日本攝影家中平卓馬（1938-2015）同時也是卓越的攝影理論家，以其深刻的批判和「植物圖鑑」攝影論而著名。本文嘗試從美學中「摹仿論」的角度切入，探討「植物圖鑑」式攝影如何可能。我們先回顧藝術的發展，了解「摹仿論」的背景與演變，直到現代藝術方成功擺脫了「摹仿論」。「摹仿論」接著又為攝影所承接，而在「現代攝影」中尋求突破。而在日本，中平卓馬等人先是「挑釁」了當時攝影界而創造出「搖晃、失焦、模糊」的風格，其個人又進一步宣稱放棄作品中的「詩意」，尋求明快不帶情緒的「植物圖鑑」攝影。最後我們發現中平的攝影論能成功地把攝影的生命分別還給拍攝者與觀看者，讓「植物圖鑑」式攝影成為可能，亦擺脫了「摹仿論」的糾纏。

關鍵字：摹仿論、攝影理論、中平卓馬、「植物圖鑑」式攝影

前 言

　　「攝影」在現代人的生活中不可或缺，也是當代藝術的重要一環。它既可如河水暴漲般地淹沒充斥我們的生活，也能像繪畫等藝術品一樣留諸史冊、進入美術的殿堂。自攝影誕生以來，圍繞著攝影的討論也就不曾少過，也從未真正停歇。

　　其中，日本的攝影家中平卓馬（Takuma Nakahira, 1938-2015）以其傳奇的攝影生涯和深厚的攝影思索備受矚目，提出了足以留名攝影史的「植物圖鑑」攝影論。中平集攝影家與理論家與一身，對於班雅明（Walter Benjamin, 1892-1940）等哲學家的攝影理論、西方攝影史的發展十分熟悉，亦走在時代的尖端參與了日本當時最具「挑釁」意味的攝影運動。其論述中強烈的批判性與反思的深度，在四十多年後的現在仍堪稱歷久彌新，值得我們回顧與討論。

　　中平卓馬曾是活躍多產的行動者，[1]其論述涉及藝術、美學與社會學等攝影的諸多面向，單篇論文無法完整地討論。因此本文試圖先從美學中「摹仿論」的角度切入，先追溯與攝影關係最為密切的繪畫發展，再檢視中平卓馬的「植物圖鑑」攝影論。首先，我們要從繪畫史與攝影史切入，探討繪畫如何擺脫「摹仿論」的襲擾而取得獨立的地位，而攝影也必須擺脫摹仿論的「幽靈」；[2]其次追問，再現或「肖似」為何不再是攝影所追求的目標；最後以日本攝影為例，討論何以中平卓馬要拋棄作品中的「詩

1　中平卓馬在提出「植物圖鑑」後的數年內仍不斷提出攝影論述，可惜在1977年因酒精中毒而昏迷性命垂危，奇蹟復元後已嚴重失憶，亦無法再論述。但此後反而日復一日、機械地持續拍照，風格亦與以往大不相同，被稱為「成為相機的男人」。

2　本文發表之時承蒙研討會與會學者的提醒，指出「幽靈」此一概念或有在哲學史中的意涵。但本文所指「幽靈」僅指摹仿論在藝術與攝影發展中揮之不去、不斷襲擾之現象。特此說明。

意」，轉而提倡一種「植物圖鑑」式的攝影、而「植物圖鑑」式的攝影如何可能？要如何擺脫摹仿論、避免其幽靈的再度來襲？

一、繪畫中的「摹仿論」幽靈

「摹仿論」何以成爲藝術發展中揮之不去的「幽靈」，我們得先簡單回顧自文藝復興以來藝術的發展。

（一）從柏拉圖到達文西：藝術就是「摹仿」

對西方文明而言，文藝復興是一場相當關鍵的變革。就造形藝術的發展來看，當時藝術家（如著名的『文藝復興三傑』）最大的貢獻在於他們一方面承襲傳統，另一方面藉由自己的天分和努力使技法革新，讓藝術創作有了全新風貌。然而，此種革新也成爲一種典範，使後人要不遵循，要不只能設法超越。如達文西（Leonardo da Vinci, 1452-1519）最引人囑目的是他對自然的觀察與描繪。達文西幾乎是以一種科學家的精神，透過解剖人體、研究機械原理而磨練他的技巧與觀點。而這種創作則與他所持的美學立場有關：他反對臨摹前人作品，主張畫家應當直接面對自然，說：「畫家的心應該像一面鏡子，經常把所反映事物的色彩攝進來，面前擺著多少事物，就攝取多少形象。」（朱光潛，2000：154）這種「鏡子」的比喻，正顯示了儘管他的技法創新，但所持的仍是傳統的「摹仿論」，認爲藝術就是「摹仿」自然、「再現」自然，是一種寫實主義的美學觀。

「摹仿論」原爲古希臘當時所流行的學說，指的是藝術作品摹仿了現實世界（朱光潛，2000：43），但柏拉圖對「摹仿論」的進一步論述，則深深影響了後世對藝術品的看法。對柏拉圖來說，現實世界之上仍有一

完美的「理型世界」，現實世界就是對後者的摹仿，所以摹仿現實世界的藝術作品只是「摹仿物的摹仿物」，因此處在更低的層次。這觀點使得藝術作品的價值受到貶抑。柏拉圖之後的藝術家雖不可能像他那樣輕視藝術，但因為他們也承認藝術作品是對自然的「摹仿」或「再現」，始終把對實物的「再現」視為藝術的重要任務，因此也就難以揮去「摹仿論」的襲擾，無法逃出柏拉圖評價藝術作品的「陷阱」。如達文西就說畫家應該是「自然的兒子」，畫家臨摹別人摹仿自然的作品就是「自然的孫子」了（朱光潛，2000：154），這種把「自然」、「自然的摹仿物」、「摹仿物的摹仿物」分成三個等級，很能看出其受柏拉圖理論的影響有多深。

而在文藝復興前後的數百年間，西方藝術家養成依賴的是「師徒制」。即徒弟在師傅底下擔任學徒，從研磨色料等最基本的工作開始做起，一步步地慢慢學習繪畫技巧，然後開始成為師傅的助手，先負責繪畫中較不重要的部分，直到能獨立作畫出師為止。這種制度到十八世紀左右轉變成了「學院」制，美術進到學院，在國家或王室的資助下，師徒教育成了學院內的傳承。但不管如何，這樣手把手的緊密傳承仍形成了幾乎堅不可摧的「學院傳統」，技巧傳承下去了，像「摹仿論」這樣的美學觀也不可避免地同時傳承下去了。

這種情況直到近代才有改變。陳舊的學院傳統引發新一代藝術家的不滿，他們在學院以外尋求表現機會，在十九世紀左右開始百花齊放，出現了如浪漫主義（Romanticism）、寫實主義（Realism）等新流派，拋棄學院傳統的畫家越來越多。而寫實主義最後終於激起了「印象派」（Impressionism）的出現，他們透過共同舉辦畫展，團結起來對抗學院與舊派畫家所舉辦的美展，開拓出一條嶄新的道路。

印象派的出現是一個重要的里程碑，表示舊的學院技法已經被拋棄得差不多了。但其試圖捕捉、追逐自然界光影變化的核心理念，其實是受到

當時盛行的自然主義（Naturalism）所影響，帶有濃厚的科學色彩，因而也就與寫實主義一樣，難以擺脫「摹仿論」的幽靈。因為他們所追求的仍是「自然」，只是企圖以更「科學」的方式再現自然。

（二）現代藝術：向「摹仿」說再見

　　直到被稱爲「現代藝術」開端的後印象派（Post-Impressionism）出現，上述情況才有了改觀。如被稱爲「現代藝術之父」的塞尙（Paul Cézanne, 1839-1906）注意到了印象派的問題，不認同印象派那種想追逐自然變化而最終只剩下光線與色彩的作法，轉而注重畫面當中事物的結構與關係，找尋在繪畫中出現的某種和諧，希望「把印象主義變成某種穩固持久的東西，就像博物館中的藝術品一樣。」（宮布利希，2012：539）也就在塞尙這樣的努力地下，「後印象派」開創出一種新的格局，形成了「一種抽象的、趨於構成的審美意識」（牛宏寶，2014：25）。同時，他們得到後來被稱爲「形式主義之父」的弗萊（Roger Fry, 1866-1934）等藝評家的奧援，在理論與評論上得到有力的支持，終於使藝術得以擺脫摹仿論的幽靈，藉由對作品中「形式」的重視而擁有自己獨立的生命。

　　在藝術取得重大進展的百餘年間，「攝影」也悄悄誕生了，作爲一門新「藝術」也面臨了類似的難題。

二、攝影與「摹仿」：現代攝影的誕生

（一）攝影術的掙扎：「摹仿」或非摹仿

　　攝影術誕生於1839年，正是反學院派畫家開始蠢蠢欲動的時期。如同之後班雅明等許多評論家所留意到的，攝影一開始就具備了某種「機

械」特質，使其與過往藝術作品相比有很大的差異，甚至連是不是「藝術」都有討論空間。我們且對攝影是否爲「藝術」的問題先按下不表，因爲這個問題太大，就連攝影家間亦充滿分歧。但我們可以先將問題鎖定在攝影與「摹仿」間的關係。

在攝影的草創時期，因爲其「機械複製」的特性，確實使攝影很難不被視爲事物的「摹本」。藉由相機的機械裝置，攝影師按下快門，將影像留在相片上，就像是繪畫中寫實主義或自然主義所追求的理想目標；差別只在攝影家用的是攝影器材（相機、塗上化學藥劑感光的金屬或玻璃片），而畫家用的是畫筆與顏料、畫布，能否忠實「再現」仍仰賴其技巧。此外，攝影術的起源亦與繪畫脫離不了關係，其來自早年畫家爲作畫所設計的「暗箱」，是「暗箱成像」的原理刺激了攝影的發明。而事實上，當攝影出現之後，寫實主義的畫家如庫爾貝（Gustave Courbet, 1819-1877）便曾向攝影家購買照片以協助作畫，攝影家也對印象派採支持立場，[3]攝影與近代繪畫一開始就產生了交集。

但當時攝影的發展則有些諷刺地與繪畫背道而馳。既然「機械複製」的特性讓攝影被視爲只是技藝或器材的操作，似乎很難稱得上是藝術，攝影家便企圖師法繪畫，在十九世紀末到二十世紀初期風行過所謂的「畫意攝影」（pictorial photography），便是透過「畫意沖印法」、柔焦等加工方式使得攝影作品看起來像畫作，也學習繪畫一樣在藝廊中展出作品，希望將攝影的地位提高（飯澤耕太郎，2013a：42）。在這風潮中雖也出

---

[3] 庫爾貝所使用的是威延努夫（Julien Vallou de Villeneuve, 1795-1866）所攝的裸體照（普爾茲，1997：38）；宮布利希指出，「浮世繪」與「攝影」是印象派的兩大盟友（宮布利希，2012：523-526）。這裡所指的應是，「浮世繪」忽視三度空間（透視法）的處理而藉線條與色彩呈現畫作、攝影術能留下某個時間段落的影像（就當時而言，攝影所需的曝光時間可能長達數十分鐘），兩者分別在技法和視覺經驗提供了印象派啓發。

現不少日後留名攝影史的優秀作品，但過度流行的結果終於導致其手法日趨低劣、內容空洞，就連畫意攝影的創始者愛默生（Peter Henry Emerson, 1856-1936）都看不下去，宣布放棄此種作法了（吳明益，2014：99-100）。

（二）「現代攝影」的誕生與難題

畫意攝影的終結迎來了攝影的新時代。二十世紀初期以史帝格利茲（Alfred Stieglitz, 1864-1946）[4]為首的攝影家們開創了「現代攝影」（modern photography）的風潮，相對於畫意攝影的恣意加工，他們採用的是不經加工的「直接沖印法」（straight print），讓影像如實呈現在作品中。最重要的是，「現代攝影」與其說是技法的改變，不如說是攝影觀的全面革新，也就是用全然不同的「觀看方式」去審視拍攝的對象，讓不同的對象進入取景框中。所以除了技法外，現代攝影的拍攝主題也從過去以肖像、自然風景為主，拓展到現代生活的各種面向，如都市風貌、交通工具、機械等現代城市景物，對人像的處理也和以往大不相同。在這樣的前提底下，現代攝影的健將如伊凡斯（Walker Evans, 1903-1975）、史川德（Paul Strand, 1890-1976）日後因拍攝美國經濟大恐慌後農民貧困生活而樹立典範的「紀實攝影」（documentary photography），還有在歐美興起並有大量傑作的「抓拍」（snapshot）攝影，都可算是一種「現代攝影」。可以說，攝影自步入「現代」，這樣的精神一直持續到現在。

我們可從「摹仿論」的角度來釐清這段時期攝影發展的意義：一開

---

[4] 史帝格利茲不僅是攝影家，也是成功的領導者與藝術經紀人，他透過成立藝廊、出版攝影雜誌《相機作品》（*Camera Work*）、提攜後進等實際方式，讓新攝影能順利發展，因而被稱為「現代攝影之父」。

始，攝影被視爲完美的「再現」，因而給寫實主義與印象派繪畫等帶來了不小的幫助；同時，攝影因其機械複製的特質，亦理所當然地從繪畫那邊接收了寫實主義，繪畫則因爲把寫實主義「再現」的任務交給了攝影，更能脫離摹仿論的桎梏，轉而追求「形式」而往抽象的方向發展。接著，「畫意攝影」的出現企圖向繪畫看齊，雖看似擺脫了「再現」，但此種美學意圖刻意追求如畫的朦朧感，不僅違背了攝影因「機械複製」所具有的明晰特質，最後也以失敗告終，且讓攝影淪爲比繪畫還不如的低劣作品，已成了「摹仿物的摹仿物」（就如達文西所貶抑的那樣）。

因此，「現代攝影」的出現，其價值就在與繪畫徹底地分道揚鑣，讓攝影回歸攝影，同時因題材的拓展而變得更豐富。儘管攝影不再是「摹仿物的摹仿物」，但「直接攝影」追求眞實的呈現、再現，豈不讓其重又落入柏拉圖的陷阱，仍被「摹仿論」的幽靈所糾纏了？

三、日本脈絡：中平卓馬等人的難題

中平卓馬等日本攝影家面臨的難題就和對「現代攝影／直接攝影」的思考有關，且在日本所處的藝術與社會脈絡底下，顯得格外意義重大。

（一）日本的「現代攝影」

攝影術大約在十九世紀中的幕末（1853-1867）前夕就從荷蘭人手中傳入日本（約1848；飯澤耕太郎，2013a：60），不久日本結束兩百餘年的鎖國，從西洋人手中慢慢習得此項技能，一直到緊接而來的明治時期（1868-1912），日本大力推動西化與現代化，攝影術也就隨西方其他學術或藝術一樣漸漸傳播開來，接下來也大致追隨西方攝影的進程發展。在

那段時期攝影雖已為世人所接受，但就和歐美的情況一樣，因相機價格仍然昂貴，所以多為相館或富裕人士所擁有，尚未普及。這些早期的攝影家開始探索各種題材，到了戰前（中日戰爭及其後的太平洋戰爭），日本就已出現了像木村伊兵衛（Ihei Kimura, 1901-1974）[5]這樣的紀實攝影大師了。

日本在戰敗投降後，曾經歷一段飽受管制的美軍（盟軍）占領時期（1945-1952），直到占領結束，日本民眾才稍稍得到喘息，興起戰後蓬勃發展的「民主主義」，開始熱烈地討論民主政治，並付諸行動爭取權利。同時攝影器材在戰後亦變得普及，讓拍照不再那麼困難。因此攝影也呼應了當時的時代氛圍，攝影師走上街頭、走向日本各地，拍攝許多以戰後日本為題材的作品。大抵上，這些作品都是「紀實攝影」，以寫實、社會關懷為主軸。例如當時儘管美軍已結束占領，但仍在日本設有大型基地、沖繩也還是為美國所管，隨著韓戰、越戰陸續爆發，美軍頻繁地進出日本，讓日本民眾仍飽受戰爭陰影的籠罩，此時關於戰爭傷痕、美軍基地周邊美國大兵的活動（如攬客與召妓）都成了攝影主題。攝影既反映了當時的現實，有時也隱含了某種控訴。

然而，當時的日本攝影家也意識到儘管其主題「紀實」，方法仍可以是多樣的。從攝影藝術的角度來看，若仍堅持素樸的直接攝影、如實再現，一來攝影將淪為新聞報導的附庸，二來過多的寫實作品也將導致觀者的視覺疲勞。所以，攝影家也會引入各種手法，例如影響中平卓馬甚深的東松照明（Shomei Tomatsu, 1930-2012）就以其富象徵意涵、俳句般的攝

5　木村伊兵衛的攝影生涯始於臺灣，回日本之後開設相館、成立攝影協會推廣攝影。他常以當時甫問世、輕巧的徠卡（Leica）相機拍攝日本各地的風土民情，戰後也曾赴海外拍攝。為了肯定其貢獻，日本攝影界在其過世後以其名設立「木村伊兵衛獎（日文為『賞』，有時中文界直譯）」以資紀念。此獎項日後成了日本最重要的攝影新人獎。

影而著名（傑佛瑞，2015：336-343）。日本攝影的發展此時亦與西方同步，讓我們知道「現代攝影」並不等於「直接攝影」。

（二）《挑釁》：中平卓馬等人對攝影的反思

東松照明在當時已是大師級的攝影家。中平卓馬便是在他底下學習攝影，也曾協助其策畫名為「攝影一百年：日本人攝影表現的歷史」的大型展覽，[6]瀏覽過百年間數萬張照片的中平卓馬因此萌生了對日本攝影的質疑，並踏上其反思之路。他的思考可分成兩方面，一是歷史的，二是美學的：在歷史上，他認為回顧攝影史就是回顧日本歷史，日本的近代化主要建立在他國、尤其是亞洲諸國的犧牲而換來，從舊照片中可見到這些歷史的痕跡，那些攝影作品恰好證明了攝影家「對日本的歷史完全束手無策」（中平卓馬，2017：122）；另外在美學方面，他認為日本和歐洲攝影一樣，都只是在摹仿繪畫的表現方式，又因其「西歐情結」而在攝影方面同樣向歐洲看齊，但「攝影如果執著於表現，當它越是洗練，特別在日本，就會越傾向抒情的自閉世界，然後耽溺其中。」（中平卓馬，2017：124）

這些思考促使中平卓馬決心改變，在那場展覽之後，他與同為展覽委員的評論家多木浩二（Koji Taki, 1928-2011），以及攝影家高梨豐（Yutaka Takanashi, 1935-）、詩人岡田隆彥（Takahiko Okada, 1939-1997）共同創辦了同人攝影雜誌《挑釁》（*provoke*）。雜誌的創刊號在1968年十一月發行，與中平同年的攝影家森山大道（Daido Moriyama, 1938-）則於第二期加入，共同在日本攝影史上寫下傳奇的一頁。

《挑釁》是中平卓馬等人對前輩觀點的反動，其發刊時就宣稱雜誌

6　東松照明稱得上是中平卓馬的老師，就連中平與其妻也是在東松的撮合下結婚的。

是「爲了思想的挑發性資料。」（中平卓馬，2017：135）即爲了思想而準備的挑釁「資料」，或者爲思想者提供「挑釁」資料之意，並且宣稱「文字已經『失去一度能夠支撐現實的物質力量』」（傑佛瑞，2015：348）。因此這本攝影雜誌的重點不是其宣言，而是以攝影作品挑戰既有觀點與論述的態度，並且藉由作品展現出來。除了中平卓馬外，日後因街拍照而享譽國際的森山大道，都在當中發表了打破當時攝影觀的作品。那些照片違背攝影追求拍攝明晰、沖印精細的基本功，而以搖晃、失焦、粗粒子爲特色，結果反而引發極大的迴響。

《挑釁》引起的關注，可說是成功達到了創刊者們想要「挑釁」日本攝影界，甚至日本社會的意圖，但引起的摹仿效應也使他們決定急流勇退，所以僅僅發行三期，就在1970年三月停刊了。

《挑釁》雖然建立了所謂「搖晃、失焦、粗粒子」的美學，但對發起的攝影家們而言，這些只不過是表現的形式，真正的重點在此種攝影所追求的「精神」，挑戰的對象不只日本攝影界，而是包括歐美在內的世界攝影圈，從根本上推翻舊有的攝影觀。但他們也避免落入傳統「寫實」與「反寫實」等美學論爭的窠臼，這使得他們能從「摹仿論」中脫離出來。例如人家問森山大道是否反對「寫實主義」時，森山是明確否定的，他說自己並未刻意這麼做，拍照對他來講只是一種「生理特性」，是出於直覺的行動，也說「如果靠言語能表達的事象，就不需要靠攝影的表現。」（大竹昭子，2014：28）可見森山想靠「攝影」本身去突破什麼的企圖；也有論者指出，森山大道並非所有作品都是「搖晃模糊」，而是整體作品帶給觀者的一種印象或意象，讓觀者感受到其「意義與目的的不明確」，因而是「模糊」的（大竹昭子，2014：29-30）。

而中平卓馬則在《挑釁》結束時回顧當初宣言的意義，他認爲攝影恐不足以挑撥文字，但影像卻和文字一樣，需要人的參與才能使它具有生

命力，觀看才能豐富我們對「文字／影像」的理解。他以「木」這個字爲例，認爲「木」在辭典中只是一個沒有生命力、蒼白的符號，它的意涵反而來自我們實際觀看一棵樹，藉觀看讓辭典中此一「文字」的觀念或意義崩解掉：「透過周詳地觀看此刻此在的一棵樹，讓隨著我們所認知的『木』這個字而來的觀念＝意義逐漸崩解。這麼做的結果，反而可以在一個個觀看者心中豐富『木』這個字的內涵。」[7]（中平卓馬，2017：137）中平卓馬認爲「影像」的觀念與意義也應當如此崩解掉，《挑釁》的出現就是要「逆轉了本來認爲影像是用來證明木就是樹木那樣一個不辯自明卻蒼白而死寂的道理，反而透過影像對那些似是而非的意義提出質疑。」（中平卓馬，2017：138）對他而言，「影像」不該只是另一種「辭典」，它不是用來證明什麼的，影像應當有它自己的生命。

我們可以總結地說：《挑釁》的攝影家們既反對當時日本的攝影風潮，不想拍和大家一樣的照片，同時在思想上也企圖突破當時論爭的格局；所以森山大道用攝影實現這樣的理念，也用攝影代替語言，並且提供一種意義不明確，有如視覺斷片的照片；中平卓馬則在論述上努力，質疑過去的攝影觀，這也就是他在回顧包含日本與世界的「現代攝影」後，對「攝影是什麼」這個問題的答案。而《挑釁》的任務既已達成，當他發現《挑釁》風格的流行造成許多「刻板摹仿的俗爛影像，或是故意失焦的照片」（中平卓馬，2017：139）時，他也知道自己得再往前走了。

---

[7] 「木」字的引號為筆者所加。

四、中平卓馬的自我否定：「植物圖鑑」式攝影如何可能？

（一）從《挑釁》到「植物圖鑑」：拋棄「詩意」

　　促使中平卓馬必須往前的，首先是他對《挑釁》宣言的不滿足。相較於森山大道攝影作品的多產，中平卓馬顯然對拍攝較為猶豫，同時期只出版了攝影集《為了該有的語言》；而中平猶豫的原因，就在於《挑釁》並不足以回答他心中那個「攝影是什麼」的答案。《挑釁》的對象是日本攝影，同時也是世界自「現代攝影」以降的攝影，他們先用「去意義」的方式去否定舊有的攝影論，接著就該提出自己的攝影論了。

　　再來引起中平卓馬思考的是日本當時的社會情勢，以及「事件」。中平活躍的年代也是日本社會運動最有活力、最狂熱的時期，被稱為「政治的季節」。1960年前後因《美日安保條約》的修訂，在日本引發了一連串的「安保鬥爭」，即反對簽訂《安保條約》的抗爭活動，[8]在十多年間一波又一波地結合反越戰、「三里塚鬥爭」（反對興建成田新機場）、

8　《美日安保條約》最初是在1951年簽訂（或被稱『舊安保條約』），1960年須修訂，但由於當時首相岸信介（1896-1987，曾為二戰甲級戰犯，後獲釋；亦為安倍晉三的外祖父）不顧民意且非法的蠻橫作風（如派警察驅逐國會議場的在野黨眾議員，強行通過），而使事件越演越烈。其背景為美國為因應美蘇對峙與韓戰爆發等國際局勢，希望在結束佔領日本後仍能維持日本的戰略地位，所以透過此約取得駐軍日本的合法權利；一方面防止日本遭受共產勢力的軍事攻擊，一方面維持其在亞太的軍力。但對日本而言，知識分子（如作家、教授、大學生）中或有捍衛「和平憲法」的和平主義者，也有對共產主義認同或同情的左翼分子，市民（勞工、主婦等）也都不希望與美國的軍事同盟使日本再捲入戰爭，因此結成一股龐大的力量，抗爭手段亦有激進、有溫和。

「沖繩鬥爭」、[9]反大學擴張[10]等各種抗爭的力量，使日本進入一個前所未有的激情年代。但這樣的熱潮在1970年前後因左派激進分子的劫機事件、「淺間山莊事件」等造成的死傷而導致急速退潮，社會大眾對這些運動再也無法認同。而中平卓馬在大學時期正好碰上安保鬥爭，曾擔任學生自治會領袖，積極地參與抗爭行動，且在畢業後進入日本「新左翼」的刊物《現代之眼》任職，對左派運動與時事的熱情從未停歇，但社會運動的逐漸退燒也成了中平反省的契機。

而當中尤其關鍵的，是1971年十一月十日在「沖繩返還協定粉碎大罷工」活動中，一名青年因報刊照片而被誣指殺害警官的「事件」。在當天一場激烈衝突中，一位警官遭過激派圍毆及擲汽油彈而全身著火，最後傷重不治，而來自埼玉縣的青年松永優正好在其身邊被拍下，照片見報後，十六日松永便因涉嫌殺人而遭逮捕與羈押。當時報社幾乎是以一種「殺人證據」的方式在刊載照片，檢察官亦是因照片而逮人，但根據目擊者證詞與事後調查，松永優不但未攻擊該警官，還曾試圖營救身陷火海的警官。[11]這讓中平卓馬發現，同一張照片僅是因為解讀不同就可能產生一百八十度的差異，而影像之所以被視為「真實」，是來自大眾傳播媒體的操作、大眾傳媒與權力者的配合，以及閱聽大眾對媒體「記錄」的信仰

9　「沖繩鬥爭」指的是當時圍繞著沖繩群島的抗爭活動。包括反戰、沖繩返還（美軍結束佔領後仍佔有沖繩，直到1972年才歸還日本）、反沖繩返還、反基地運動等（沖繩雖歸還日本，但美軍基地仍在，而且占據大量面積，駐軍亦不時與沖繩民眾產生各種糾紛）（吉見俊哉，2017：65-71）。

10　小熊英二以為，在1960年代日本大學擴張，大學生進入學校後發現大學教育的品質遽降（空間、師資與設備等）、學費漲價，大學教育亦成職業訓練所，乃至對經濟成長的不安，都使得原本因「安保鬥爭」挫敗的學運力量重新在1960年代後期燃燒起來，並與1968年左右在法國、美國等地的學運遙相呼應（小熊英二，2015：93-113）。

11　松永優在一審被判有罪，直到二審才被判無罪，還其清白。

這個三角關係所得來的（中平卓馬，2017：66-67），讓中平卓馬決定推翻先前在《挑釁》中所提出的影像論。

中平卓馬的思考結果在1973年發行的《爲何是植物圖鑑》一書中呈現，此書集結了他在《挑釁》之後的影像論述，並提出他著名的「植物圖鑑」攝影論。在這裡，中平卓馬可說徹底進行了自我批判、自我否定，要把過去在《挑釁》中建立的風格一口氣打破。爲什麼要打破？因爲中平與同伴雖然挑戰了日本當時的攝影觀，但此種風格卻造成另一種流行，甚至連日本國鐵爲提振運量的「Discover Japan」（發現日本）系列廣告海報都開始摹仿搖晃失焦了（中平卓馬，2017：63）。《挑釁》的出現原本就是反主流的，若自己也成了主流，那麼不也犯了一樣的謬誤、一樣需要被打倒嗎？

而且中平卓馬發現，自己在《挑釁》當時所拍下的照片其實帶有一種「詩意」（_poésie_），這種「詩意」隱含的是某種前提，是一種「由我先驗地（a priori）捕捉的意象，就是具體地通過我而表現出來，被潤色並情緒化的世界樣貌」（中平卓馬，2017：25）也就是透過自己對世界的認識，而預先決定世界「應當如何」，然後再據此拍攝出來的作品。他反省「詩意」與「意象」的角色，這麼表示：

> 所謂詩或者所謂意象，長期以來都被視爲一切藝術作品不可或缺的要素。一件作品，常常因爲缺乏意象或意象太弱而成爲批判、否定的標的，這種情況實在不勝枚舉，而我們對此一現象也從未置疑。因爲約定俗成的觀念就是認爲意象乃藝術之所以爲藝術的前提。（2017：27）[12]

12　第一句原中譯爲「所謂詩或者所謂意象，長期以來都是一切藝術作品被視爲不可或缺的要素。」其句構稍有問題，「被視爲」三字應往前移，本文略加調整以使其較爲通順。

　　既然「意象」一直被視爲藝術的前提，中平卓馬認爲，那麼何不乾脆丟掉了好？對他來說，詩意或意象已成了藝術的緊箍咒，「所謂近代藝術簡單說就是被稱爲創作者的個人所投影出來的世界圖象」（中平卓馬，2017：28），他不只是面對攝影，而是把問題拉到整個近代藝術的高度來看，發現這種由創作者預先決定的「世界圖象」，根本就是他們對世界的「逆投影」（中平卓馬，2017：28）；也就是說，他們先決定了「世界圖象」爲何，再將其「逆投影」到世界，以此作爲藝術創作的「意象」。但這樣一來，創作者（藝術家）看到的不僅不是世界的原貌，更像是「對世界閉上了雙眼」（中平卓馬，2017：28）。

　　前面提到，中平卓馬極爲關注當時的日本社會，他當然不認爲藝術家能自外於世界、能「對世界閉上雙眼」。經過了關於「意象」的思考，他不只發現建立「風格」將造成的流行與庸俗化，也注意到其背後象徵的是一種藝術的霸道、一種對世界的占有。這種看法與美國評論家桑塔格在《論攝影》所言的「拍攝就是占有被拍攝的東西」（桑塔格，2010：28）十分相近，只是中平卓馬把討論延伸到作品的「詩意」，認爲那甚至是一種把世界「私物化」的過程，他說：「那無疑是將此岸的我與自我具足的世界兩者曖昧地加以溶解，在那曖昧的領域中詩於焉誕生，並透過情緒潤色而將個人的世界『私物化』。」（2017：26）他也這樣看自己過去的作品：「我覺得那是試圖將對象與我之間加以曖昧化，然後藉由我意象所形塑的世界，強行達到將世界據爲己有的目的。」（2017：34）

　　那麼，怎麼樣才能避免將世界「據爲己有」？中平卓馬認爲，唯有讓攝影脫去「意象」，不帶說明，變成有如「圖鑑」一般：

　　圖鑑講究以最直接的方式明快地呈現所描述對象的特性。將一切陰影以及隱含其間的情緒徹底排除，此即圖鑑。「悲哀分分的」貓咪圖鑑並不

存在。如果圖鑑含有哪怕是少量曖昧的部分，就沒有達成其圖鑑的機能。一切事物的羅列、並置，也是圖鑑的性格。（中平卓馬，2017：42）

圖鑑中的攝影明快、無情緒，毫無曖昧，只是事物的並置，這才是中平卓馬理想的攝影。另外，中平卓馬也說明爲什麼是「植物」圖鑑，而不是動物或礦物？因爲：「動物充滿了肉體的腥臭，而礦物從一開始即誇示其彼岸的、非人間的堅牢本質。介於其間的，就是植物了。」（中平卓馬，2017：43）這種對動、植物與礦物區分的說法只是一種比喻，並不是攝影不能拍攝動物或礦物的意思，我們或許可以視之爲中平卓馬希望在攝影中採取的一種「中間」的姿態，他希望攝影不是過多，也不是太少的。

只是，這樣的「植物圖鑑」式攝影眞能達到中平卓馬的目的嗎？

（二）「植物圖鑑」式攝影如何可能：照片、拍攝者與觀者

「植物圖鑑」式攝影如何可能，我們認爲可以從三個角度切入：即「照片」、「拍攝者」與「觀看者」三方。這三方原本就是我們想到「攝影」時很容易會想到的三者，但中平卓馬告訴我們，過去的攝影其實主要是由「拍攝者」與「意象」所構成，也就容易受到美學意圖或權力強加於其中，最後影響「觀看者」所見之物。接下來，我們就分別從三個角度切入：

首先是「照片」。如前所述，中平卓馬認爲攝影就應當是「植物圖鑑」，但他對爲什麼是「植物」圖鑑的說明，其實有些語焉不詳。日本著名攝影史家、評論家飯澤耕太郎指出，此乃因中平是一個「具有詩人靈魂的評論家兼攝影家。他似乎有意在一方面保持『處在中間的』、在某處保有曖昧的事物，並且極力賦予一種捉摸不定的形象。」（飯澤耕太郎，

2016：61）飯澤認為這就是中平選擇介於動物、礦物中間的「植物」的原因。筆者大致同意飯澤的說法，只是我們要進一步澄清的是，飯澤指的「曖昧」與中平所欲否定的「曖昧」並不相同，中平否定的是那種將我與對象混合、進入「意象」的曖昧，但飯澤指的則是拍攝時的那種中立與保留：「我」只能把攝影當作「植物」圖鑑來處理，物是物，我是我，如此方可避免「我」的思考滲入其中。當「我」不再介入攝影的對象，攝影方能有它自己的生命。

其次是「拍攝者」。1968年越南發生了「美萊村屠殺事件」，[13]隔了超過一年半才爆發出來。中平卓馬在1970年的評論文章中對攝影師的袖手旁觀感到不以為然，他說：「攝影對我而言，最重要的就是做為自身生命的主體、克服困境而活著的當下之記錄，並直視其中難以撼動、威壓而來的現實。」（2017：141）又說：「容我大膽地說，一張照片的價值，完全取決於拍攝者的生命態度，此外無他。」（2017：142）「攝影」對中平卓馬而言是攸關拍攝者「生命」的事件，所以中平也重視拍攝者的在場，在一次和森山大道的對談中，中平也說：「『藝術』其實輕蔑了『日期』，除了『藝術』，『思想』也是如此。因為它們都是在遠離『日期和場所』的地方，提出絕對的理念和真理。」（森山大道，2016：45）在此又可看出中平對絕對觀念的抗拒，即是對「詩意」或「意象」那種創作者暴力「逆投影」的抗拒。中平自己也曾在1971年的巴黎青年雙年展中以「循環：日期、場所、行為」為題，每日張貼大約兩百張同時間於巴黎拍攝的照片，連續一週，直到遭主辦單位制止為止（中平卓馬，2017：

---

[13] 1968年三月十六日，美軍一支部隊在越南廣義省的美萊村大肆虐殺了平民婦孺，受害人數約在美軍宣稱的168人到越南報告的568人之間。見維基百科「美萊村屠殺」條目：https://zh.wikipedia.org/wiki/%E7%BE%8E%E8%90%8A%E6%9D%91%E5%B1%A0%E6%AE%BA（上網日期：2018.6.5）

104）。這樣用巨量當下、隨機的照片占據展場，正是其主題「循環：日期、場所、行為」的體現，是對舊有藝術作品「絕對性」的抗議。

中平卓馬不是一個光說不練的人，在《為何是植物圖鑑》出版後不久（1973年秋天），他就在居住的逗子海邊燒毀了自己全部的底片、照片與筆記，毀去過去那些「詩意」的作品、徹底告別過去的創作模式。為何燒照片？他說：「因為專業的攝影家會燃燒攝影。」[14]（中平卓馬、篠山紀信，2013：192）中平卓馬確實是在不斷地自我否定中成長和前進的。身為身為一個創作者與思索者，中平卓馬一直要避免的就是停滯下來，而他用行動證明了這件事。

最後從「觀看者」的角度來看。對於觀看，中平的看法也與桑塔格相近。桑塔格在晚年格言式的〈攝影小結〉（2003）中說：「攝影首先是一種觀看的方式。」（桑塔格，2011：159）而中平卓馬則說：「一張照片有沒有什麼意義，是要由觀看者來決定的。意義首先必須出自觀看者的反應與揀擇。」（2017：142）由此可知中平很清楚照片的意義取決於觀者，且這與他否定拍攝者賦予「意象」、主張攝影有其生命是一致的，而這生命就在觀者的觀看活動中，前述的日期、場所也與此有關。

而從觀看者的角度來看，我們也可進一步思考「植物圖鑑」式攝影能否有「觀看的樂趣」。筆者認為，飯澤耕太郎或可提供我們看法。他將攝影集區分為「敘事型」、「圖鑑型」、「照片群型」，以及三合一的「混合型」；圖鑑型雖不像敘事型攝影集具有故事情節，似乎較不有趣，但其趣味是在深入觀看之後更進一步發現的：「看起來似乎一模一樣的攝影並排在一起，其中卻有微妙的差異。將各種圖樣的差別放在一起加以比較，就會顯現出『魚類』、『高山植物』、『錦鯉』等等對象物的本質及共通

---

[14] 或譯：「一個專業的攝影家就會燒自己的照片。」（飯澤耕太郎，2016：62-63）

的要素了。其中差異性和共通性的玩弄戲耍，讓人眼花撩亂，形成了令人雀躍期待的視覺經驗。」（飯澤耕太郎，2013b：121）

這在攝影史中也可找到例證。例如德國的貝歇夫婦（Bernd and Hilla Becher; Bernd Becher 1931-2007, Hilla Becher 1934-2015）耗費逾四十年，在德國、法國、荷蘭、比利時、英國、美國等地拍攝如水塔、冷卻塔、高爐、穀倉、瓦斯儲氣槽、廢棄工廠等各式工業或農業設施，而且採取一種固定且單調的方式拍，再打破年代與地域的分野，將照片並列成數張一組的作品。這樣的「組照」令人難以區分拍攝年代或地點，在觀看時卻能從建物的相似與相異中，感受到如飯澤所言「差異性和共通性」所呈現出來的趣味。這些照片獲得了很高的藝術評價，讓本來像是工程事務所的牆上的東西，進到了美術館裡。（貝傑，2012：70）姑且不論照片的藝術評價，貝歇夫婦的作品不正是典型的「排除情緒、沒有曖昧、只是並置」，完全實現了中平所言的「植物圖鑑」式攝影嗎？[15]

從以上三個角度切入，我們可以發現「植物圖鑑」式的攝影確實是可能的，並且實際出現在攝影中。因為中平卓馬排拒了創作者的意圖或意象，把更多的空間留給觀看者，讓攝影創作變成單純、中性的拍攝，這種不帶感情，亦不關心表現形式的拍攝，因為除去了拍攝的美學意圖，其實已經讓攝影擺脫了「摹仿論」的幽靈。他在《為何是植物圖鑑》一文的最

---

[15] 本論文的匿名審查人指出貝歇夫婦的拍攝其實是一種有意義的「設計」，具體證據為其拍攝採用的方法與最後展出的形式都是一種「設計」。筆者同意此一觀點，因為貝歇夫婦亦將其系列作命名為「類型學」（typologies），可見其並非無目的的創作。在這邊舉貝歇夫婦為例，是來自飯澤耕太郎對「圖鑑型」攝影的進一步詮釋，飯澤認為自中平卓馬提出「植物圖鑑」式攝影的1970年代以後，此種「圖鑑型」攝影成為主流，顯示的是當代藝術「價值觀的解體與多樣化」（飯澤耕太郎，2013b：124-125）。筆者認為，首先，無論是貝歇夫婦的設計或飯澤的詮釋，應不至偏離中平卓馬的「植物圖鑑」，關鍵在於其仍符合「排除情緒、沒有曖昧、只是並置」這樣的特質；其次，就算是中平舉例的「圖鑑」，其拍攝與呈現當然包含某種「設計」，只是它也留給了許多空間給觀者。

後說：「按下快門，一切即已完結。」（2017，44）指的正是拍攝者的退場——拍攝者擁有自己的生命；而攝影的意義則交由觀看者決定。

五、結語

在本文我們以「摹仿論」爲線索，先回顧了藝術史與攝影史的發展，接著將焦點集中在日本當代攝影的討論，從日本攝影界對「現代攝影」的回應，談到攝影雜誌《挑釁》所引起的風潮，以及中平卓馬在經過《挑釁》之後毅然放棄那種搖晃、失焦、粗粒子、模糊的美學風格，宣布拋棄作品中的「詩意」，轉而追求一種如「植物圖鑑」般明晰、不帶情感的攝影。最後我們發現，此種「植物圖鑑」式的攝影不但可能，而且中平卓馬點出現代藝術與攝影追求創作「意象」所造成的問題，能讓攝影回歸到照片與觀者間，而攝影家亦可重新面對世界、面對自己的生命。

不可否認，中平卓馬的論述仍有許多曖昧之處，但從他身上，我們看到最大的特點是他的批判性，這樣的批判性在面對自己時也毫不留情，即使身爲攝影家，仍願意放下攝影的本位主義，去思考影像氾濫的問題，例如他曾說：「在影像氾濫的社會中，影像超越了作爲現實圖像的功能，反動地將影像本身實體化，然後將現實束縛起來。」（飯澤耕太郎、伊奈信男等，2012：158）可見其仍對影像造成的影響持著戒慎且批判的態度。從他論述的深度來看，中平不只是一個日本的攝影家，他所提出的問題值得身處這個「影像氾濫」時代的每個人思索。從這一層意義來看，中平卓馬的精神其實仍是現在進行式的，是當代攝影論述不可或缺的一塊拼圖。[16]

---

[16] 礙於版權取得與論文集的印刷成本，本文的一大缺憾是無法附上照片。中平卓馬在《挑釁》時期

參考文獻

一、專書

牛宏寶（2014）。《現代西方美學史》。北京：北京大學出版社。

朱光潛（2000）。《西方美學史》。北京：人民文學出版社。

吳明益（2014）。《浮光》。臺北：新經典圖文傳播。

大竹昭子（2014）。《日本寫真50年》。黃大旺譯。臺北：臉譜出版。

小熊英二（2015）。《如何改變社會》。陳威志譯。臺北：時報出版。

中平卓馬、篠山紀信（2013）。《決鬥寫真論》。黃亞紀譯。臺北：臉譜出版。

中平卓馬（2017）。《為何是植物圖鑑中平卓馬映像論集》。吳繼文譯。臺北：
　　臉譜出版。

吉見俊哉（2017）。《後戰後社會》。李振聲譯。香港：中和出版。

森山大道（2016）。《過去是新鮮的，未來是令人懷念的》。廖慧淑、賴庭筠
　　譯。臺北：原點出版。

飯澤耕太郎（2013a）。《寫真的思考》。黃耀進譯。臺北：城邦文化。

──（2013b）。《與寫真同歡》。李鳳新譯。臺北：田園城市。

──（2016）。《私寫真論》黃大旺譯。臺北：田園城市。

飯澤耕太郎、伊奈信男等（2012）。《寫真物語・上》。黃亞紀編譯。臺北：亦
　　安工作室。

傑瑞・貝傑（Gerry Badger）（2012）。《攝影的精神》。施昀佑、黃一凱譯。臺
　　北：大家出版。

宮布利希（E. H. Gombrich）（2012）。《藝術的故事》。雨云譯。臺北：聯經出

晃動、失焦的照片可以「挑釁中平卓馬」為關鍵字在網路搜尋（但要留意當中可能包括森山大道
的作品）；「日期、場所、行為」（1971）則可在《為何是植物圖鑑》中文版中找到數張配圖；
中平卓馬晚期失憶後的照片則收錄在攝影集《Documentary》中，亦可以此關鍵字搜尋，其特徵為
直幅構圖的彩色照片，正與他在〈為何是植物圖鑑〉文末所言的「我計畫將自然光底下的事物用
彩色照片加以捕捉，並逐一收入植物圖鑑中」（中平卓馬，2017：43）相符。特此說明，以供對
其攝影作品感興趣的讀者參考。

版。

伊恩・傑佛瑞（Ian Jeffrey）（2015）。《讀・攝影》。吳莉君譯。臺北：原點出版。

約翰・普爾茲（John Pultz）（1997）。《攝影與人體》。李文吉譯。臺北：遠流出版。

蘇珊・桑塔格（Susan Sontag）（2010）。《論攝影》。黃燦然譯。臺北：麥田出版。

──（2011）。《同時：桑塔格隨筆與演說》。黃燦然譯。臺北：麥田出版。

Ghost of Imitation Theory: How Could the Photography of Takuma Nakahira's "Illustrated Botanical Dictionary" Type be Possible?

Abstract

Japanese photographer Takuma Nakahira (1938-2015) is also remarkable for photography theories, famous for his deep criticism and photography theory of "illustrated botanical dictionary". This paper tries to discuss how the "illustrated botanical dictionary" type photography could be possible by "imitation theory" in aesthetics. We look back to understanding the background and development of "imitation theory" in the development of arts, which got rid of "imitation theory" until rise of "modern art". But photography received "imitation theory" and tries to break it in modern photography. In Japan, Takuma Nakahira and his fellows "provoke" Japanese photography community, created a "shaking, out of focus and vague" style. And further, Nakahira claimed he will give up the "poésie" in his photography works, search for bright and emotionless "illustrated botanical dictionary" type photography. At last, we found that Nakahira's photography theory could successful return the life of photography back to photographer and viewers, the "illustrated botanical dictionary" type photography could be possible and get rid of "imitation theory" too.

Keywords: imitation theory, photography theory, Takuma Nakahira, photography of "illustrated botanical dictionary" type

中國哲學篇

有機事者必有機心 —— 莊子與科技生活實踐

蔡錦昌

東吳大學社會學系副教授

摘要

莊子思想的底蘊在於「無以人滅天」和「不以物害己」，策略則是「虛與委蛇，應而不藏」。在現今科技思考與科技產品主宰人類生活方式的情況下，莊子此種思想和策略尤為珍貴和有用，具有解毒之功效。

人類為了事半功倍而發明的各種技藝和名制，在莊子看來都是人意所為的產物。它們若非來自人的適性需要，就是來自人的迷惑和愚蠢，同時也強化此種迷惑和愚蠢，使人迷失其自然天性，終日徨徨於憂樂之中而不能自已。在《莊子・天地篇》中，漢陰丈人所說的話──「有機事者必有機心」──就代表了莊子對待機械和技藝的態度。

由於古代的技藝體制不如今日之複雜龐大，故此漢陰丈人採取的應對策略是：「吾非不知也，羞而不為也。」如果他活在今日，不但不必如此，而且不能如此，必須酌量酌情而有所為，但心態和策略當然仍是虛與委蛇的。

關鍵詞：莊子、天人問題、科技生活、虛與委蛇、善用

前　言

　　凡是古代思想，皆以天人問題（或神人問題）為主。中國古代思想亦然。中國古代儒道兩大思想路數只不過是相反相成的天人問題處理方式而已。[1]儒家的處理方式建立在正面的陰陽關係上，因而人可以正面法天配天，亦即走陰陽調和的中庸之路；道家的處理方式則建立在側面的陰陽關係上，因而人須側面法天效天，亦即走負陰抱陽的沖氣維和之路。由於採取正面的陰陽調和路數，人可以正面法天配天，故此儒家的天人關係是順著繼承的——人道即天道，天道即人道。《易・繫辭》所謂：「繼之者善也，成之者性也」。〈賁卦・彖辭〉又曰：「剛柔交錯，天文也。文明以止，人文也。觀乎天文以察時變，觀乎人文以化成天下。」道家側面的負陰抱陽路數則不然，天人關係是逆著上溯的，故此道家經常將儒家正面的陰陽路數視為「雄出的人意」、「顧陽不顧陰」，認為能損之又損最好。道家思想，無論老子還是莊子，天人相與方式是相反相背的——「天之小人，人之君子；人之君子，天之小人也」（《莊子・大宗師》），其底蘊皆為「無以人滅天」和「不以物害己」（《莊子・秋水》），偏向法天效天。《莊子》書中之所以常有嘲諷孔子和其弟子言行的段落，緣故在此。

一、無以人滅天

　　「無以人滅天」和「不以物害己」是二項相互關聯的道家要旨，因

1　至於墨家和法家，則可視為儒道兩家之「氣息短促版」。詳情請參考拙著（1996）。第一章〈中國古代的思考方式——拿捏分寸的思考〉，《拿捏分寸的思考：荀子與古代思想新論》。臺北：唐山。

爲「以物害己」就是「人道人意」的效果，而「不以物害己」就是「天道天意」的效果。關鍵仍是「無以人滅天」。《老子・十八章、十九章》：「大道廢，有仁義。智慧出，有大僞。六親不和，有孝慈。國家昏亂，有忠臣。絕聖棄智，民利百倍。」又《老子・七十七章》「天之道，損有餘而補不足；人之道則不然，損不足（以），奉有餘。」可見天人之道相反，而人之道違反天之道；《老子・五十章》：「蓋聞善攝生者，陸行不遇兕虎，入軍不被甲兵。兕無所投其角，虎無所揩其爪，兵無所容其刃。」又《老子・五十五章》：「含德之厚，比於赤子。毒蟲不螫，猛獸不據，玃（攫）鳥不搏。」可見有道之士能不爲物所害。[2]在此二項相互關聯的道家要旨上，老子和莊子是大致相同的。所不同的只是老子的心法是「性外法」，而莊子則是「性內法」。

所謂「性外法」，即是「在天性之外設立治理應對之法」，而「性內法」則是「在天性之內設立治理應對之法」。[3]孟子的「人性一本論」和「仁義內在說」乃是「性內法」的典型。孟子認爲「性」與「仁義」是同一回事，「仁義」就是人之「天性」，內在於人的「天性」之中，故此說：「人性之善也，如水之就下也。人無有不善，水無有不下。」由此引伸爲「耆秦人之炙無以異於耆吾炙。夫物亦有然者也，然則耆炙亦有外與？」再引伸至「乃若其情，則可以爲善矣，乃所謂善也。若乎爲不善，非才之罪也。」（《孟子・告子上》）[4]可以說，孟子有名的「性善論」

---

[2] 朱謙之（1985）。《老子校釋》，72-74、200-201、218-219、299。臺北：漢京文化。

[3] 請參考同前引蔡錦昌《拿捏分寸的思考》，頁39-42。又針對論文審查人之一的疑問，此處對所謂「性內法」與「性外法」之詞義再補充解釋如下：所謂「內」與「外」，與其說是「之內」與「之外」，不如說是「內之」與「外之」，亦即「設法於內」與「設法於外」更好。因此，「性內法」意謂哲人主張在天性之內來想辦法，或者認為依靠天性本身就有辦法；相反的，「性外法」則意謂哲人主張在天性之外來想辦法，或者認為不依靠天性本身才有辦法。

[4] 朱熹集註，蔣伯潛廣解（1971）。《廣解語譯四書讀本・孟子》，258-265。臺北：啓明。

乃是其「性內法」的延伸表現，因爲孟子主張「人的天性之內即有像仁義禮智等好的治理之法在，不必外求」，因此也勉強可說是「人性本善」。同樣的，跟孟子打對臺而以「性惡論」有名於後世的荀子，其根本心法其實是「性外法」。荀子的「化性起僞」之說就是典型的「性外法」，因爲它設定人性可由而且必由禮義來擾化，不受禮義擾化而順著天生的人性來處事才會產生惡果，並非「人性本惡」。因此，荀子「性外法」的重點是「善假於物」，是一種明智的正面心法。[5]凡屬「性外法」路數者，皆會提出一套「因緣假藉」的策略或辦法來指點人，荀子如此，老子亦如此；而凡屬「性內法」路數者，皆會提出一套「長養保育」可貴天性的修養工夫論，孟子如此，莊子亦如此。[6]

　　老子的「性外法」顯現在其「知雄守雌，知白守黑，知榮守辱」（《老子‧二十八章》）的因應策略上。與之相關的是「治天事人莫若嗇」（《老子‧五十九章》）。[7]總之都是明智的翹翹板策略或細水長流策略──與其身在波峰，不若身在波谷，比較佔便宜；與其飄風不終朝，驟雨不終日，不若和風細雨比較能長久──是一套逆反式的「因緣假藉」法門，不在事物天性上下工夫，而是在因應利用此天性的策略上下工夫。莊子的「性內法」則顯現在其「虛與委蛇，應而不藏」的處事策略上，因爲這是體現天情天意的做法，相當於孟子所謂「乃若其情」。莊子的心法雖然也跟老子的一樣，是一種法天保己的逆反式心法，卻以「長養保育」

---

[5]　蔡錦昌（1996）。第二章〈荀子的心是個明智心──評牟宗三和唐君毅的看法〉，《拿捏分寸的思考》。

[6]　明清之際的王夫之認爲「莊可通孟」，參見：王夫之（1986）。《莊子通‧莊子解》。臺北：里仁。受王夫之啓發，今日臺灣的楊儒賓認爲「莊可通孔」，主張莊子其實是儒門中人，參見：楊儒賓（2014）。〈道家之前的莊子〉，《東華漢學》，20：1-46。不過，他們所本的理由，與本文認爲莊孟有共通之處者大不相同。

[7]　朱謙之，《老子校釋》，112-113、239。

那虛無自然的天真本性為主旨——勿事察辯，勿爭小大，順應時命，不計得失，無涯無方，反於大通。就如同孟子之有正向操持的「長養」之法如「自反而縮則往」（養勇）、「以志帥氣」（持志）、「養浩然之氣」（集義）、「寡欲養心」（寡欲），和反向操持的「保育」之法如「勿斲喪」、「勿助長」、「知取捨」、「識大體」等；莊子亦有「長養」之法如「行事忘身，無暇至於悅生而惡死」（致命）、「乘物以遊心，託不得已以養中」（守常）、「心齊坐忘」（虛心）、「和以天倪而休乎天均」（物化），和「保育」之法如「勿掊擊於世俗」、「勿以物為事」、「寧曳尾於塗中」、「不期大小精粗」、「德不形」等。尤其因為「性內法」是「人在局中說局事」的法門，故此無法不面對人生之局的時命問題。這是「性外法」所永遠不必面對的終極問題，因為「性外法」是「人在局外說局事」的法門，永遠有可作明智選擇的額外迴旋空間在。老子之於莊子，就沒有那麼多「不得已」。[8]

由於道家的天人關係是逆著上溯的，故此莊子又跟孟子不同，反向操持的「保育」之法重於正向操持的「長養」之法。莊子的「無以人滅天」以及與之相關聯的「不以物害己」，基本上皆屬於反向操持的「保育」天性之法。孟子可從「人皆有四端之心」出發論事，正面說話；莊子則只能從〈齊物論〉「人之生也，固若是芒乎？」出發論事，負面說話。莊子當然也有些正面話，譬如同樣在〈齊物論〉中的「天地與我並生，萬物與我為一」。但是這兩句最為人所知的正面話只是表面看來正面而已，實質上仍是反面話，因為莊子接著說：「既已為一矣，且得有言乎？既已謂之一

8　難怪連老子也只以「治人事天莫若嗇」來應對即了結。對「性外法」而言，生死問題永遠是個延長線問題或緩衝空間問題，不是個當下即無所逃避的立足點問題。因此，雖然老子也講「一」（「天得一以清，地得一以寧」），但老子的「一」就不同於莊子的「一」（「道通為一，萬物皆一」），至少在應對心法上是不同的。

矣，且得無言乎？一與言爲二，二與一爲三。自此以往，巧歷不能得，而
況其凡乎？故自無適有以致於三，而況自有適有乎？無適焉，因是已。」
所以這兩句難得的正面大話其實仍是解構性的負面話，是「恢恑憰怪的空
話和廢話」，講了等於沒講，或者講過了就算，不宜認眞討論發揮下去。
如果誤將莊子此兩句話接上《孟子‧盡心》的「萬物皆備於我矣」，再
轉接至宋明儒那種「通天地萬物爲一體」的「神祕一體觀」，那就一錯
再錯了![9]莊子的正向「長養」之法，如「行事忘身」，「託不得已以養
中」、「心齊坐忘」、「休乎天鈞」等，都是不那麼正向的迂迴做法或者
是似進實退的做法，重點都在教人「忘己忘身」。因此，如果能說莊子有
何似乎正面的「性內法」主張的話，就只能說是「物化」（與物俱化或與
時俱化）了。在〈齊物論〉中，莊周夢爲蝴蝶之時，快快樂樂做一隻蝴
蝶。夢醒之後變回莊周，則快快樂樂當莊周。在〈大宗師〉裡，孟孫才不
知所以生，不知所以死，安排而去化，乃入於寥天一。在〈山木〉中，仲
尼回應顏回「何謂無始而非卒」之問說：「化其萬物，而不知其禪之者。

---

[9] 論文審查人之一認爲《莊子‧齊物論》「天地與我並生，萬物與我爲一」這兩句話是眞正的正面
話，是承接上面的「天下莫大於秋毫之末，而泰山爲小；莫壽於殤子，而彭祖爲夭」而來的結論
之語。然而揆諸〈齊物論〉全篇的論述脈絡，打從「夫言非吹也。言者有言，其所言者，特未
定也。……道惡乎隱而有眞僞？言惡乎隱而有是非？……」開始，莊子一直在強調「彼是莫得其
偶，謂之道樞」，連「天地一指也，萬物一馬也」這兩句話，都是與「舉莛與楹，厲與西施」一
樣的「恢恑憰怪，道通爲一」之語，並非嚴肅正經的正面話。以此類推，可知「天下莫大於秋毫
之末……」，再加上「天地與我並生，萬物與我爲一」這兩句話，也都是「恢恑憰怪」之語，不
是莊重認眞的正面話，而是故意攪局的反面話。何況在這兩句話之後，莊子還反來反去再加解釋
這個「一」不是可當眞的「一」呢？除非不把這兩句話視爲「恢恑憰怪之語」，而視爲宋明儒慣
用的「體用論式的相反合一」之語（天地萬物與我之相反合一，猶如秋毫之末與泰山以及殤子與
彭祖之相反合一），又把「道通爲一」視爲字上的眞爲「一」，否則這兩句話不可能當作正經
的正面話來理解。至於《孟子‧盡心》「萬皆備於我矣」這句話亦不該依宋明儒的說法來理解，
又是另一個大問題。此處無法詳論。有興趣追究此問題者請參考拙文：〈論宋明儒體知工夫論之
得失〉，哈佛燕京學社訪問學人協會與臺灣大學高等人文研究院合辦「體知與儒學」研討會論
文，2006.11.22-23。（http://myweb.scu.edu.tw/~reschoi3/choi/SungMing_kungfu.doc 2018.5.24）

焉知其所終？焉知其所始？正而待之而已耳。」莊子就是主張，人應以自然大化之天爲其本宅，在不斷「物化」之中體現其本可與天爲一之天性。[10]

二、現代科技的特性

天人關係問題本來是個永恆的大問題，可惜在過去約四百年的西方現代世界中，以及在過去一個多世紀一直在掙扎圖強的中華世界中，都被人定勝天的所謂「進步思想」排擠在一邊。於今電子科技時代來臨，全球氣候異常，核武核電危機重重，生物科技溢出常軌，環境污染嚴重，有識之士才開始憂心忡忡，提出所謂「世界風險社會」的命題乃至更激烈的「反成長」主張來。[11]

---

[10] 因此，在《莊子・山木》中，仲尼回應顏回最後一問「何謂人與天一耶」時說：「有人，天也；有天，亦天也。人之不能有天，性也。聖人晏然體逝而終矣。」〔王夫之（1984）：172。〕

[11] 「世界風險社會」（world risk society）是當代德國社會學家貝克（Ulrich Beck）和英國社會學家紀登斯（Anthony Giddens）所提出的觀念，1990年代開始風行學界，相關書籍和論文大量出現。「風險社會」的意思是以工業文明爲主的現代化社會會製造出自己的不安全性來，亦以各種補破網的方式來應付這些不安全性。貝克說，這是一種「組織好了的不負責任」（organized irresponsibility）——政府機關、研究機構和各種體制性行動者一起合作，有點自欺地訂立各種「合理的安全判準」來放任那些具有破壞生態環境後果的冒險，結果生態漏洞愈捅愈大。「反成長」運動（degrowth, décroissance）肇始於1968年「羅馬俱樂部」智庫委託美國麻省理工學院所作的研究報告《成長的極限》（The Limits to Growth, 1972）。不過，此報告所提出的「零成長」（zero growth）建議及相關的「永續發展」（sustainable development）和「綠色經濟」（green economy）的想法，被後來真正主張「反成長」的學者如美國數學家和經濟學家喬治葛羅根（Nicholas Georgescu-Roegen）和法國經濟學家拉圖謝（Serge Latouche）所拋棄。喬治葛羅根認爲應該根本放棄「成長」的想法，即使「零成長」的想法亦然，因爲地球資源的消耗不可逆轉。真正能讓人類繼續安居樂業下去的做法是「負成長」和「反成長」。「小就是美」（small is beautiful）或者「簡單就是美」（simple is beautiful）。人類應該學會使用更少資源來過正常而豐富的生活，如同佛教徒一樣，不靠消費來豐富生活的意義。從2008年的巴黎大會起，「反成長會議」至今已

　　技術（technology）[12]之發明與使用是與人類歷史同步的事物，本是人性本質的表現。技術之發明與使用之所以演變成今日這樣威脅到人類生存環境的地步，主要是拜同樣主宰並促進現代科學誕生與發展的那種人定勝天的理性化（rationalization）思考所賜。由於此種新的技術發明與使用是與現代科學相互重疊且相互支援的，故此經常合稱為「科學技術」（science and technology），簡稱為「科技」。現代「科技」具有兩種明顯的核心特性：一是「合理性」（rationality），另一是「人為性」（artificiality）。「合理性」表現在諸如系統化、分工、標準化、生產作業流程等做法上。不只有推理論述可據，而且方法和程序都是合乎邏輯的。「人為性」則指其設計及使用之非自然性，旨在人為地有效操控意想結果之出現。[13]

在歐美各地召開過六次之多，影響力日增。（關於「世界風險社會」的想法，請參考Ulrich Beck (2001). "Ecological Questions in a Framework of Manufactured Uncertainties." Steven Seidman and Jeffrey C. Alexander (267-275). The New Social Theory Reader, London: Routledge。關於「反成長」的想法，請參考如下網頁: https://en.wikipedia.org/wiki/Degrowth 2017.9.20.）

[12] 此處所謂「技術」，是依當代加拿大媒介理論大師麥克魯漢（Marshall McLuhan, 1911-1980）在其代表作《了解媒介》（Understanding Media: (1964). The Extensions of Man, New York: McGraw-Hill.）一書中所言之「媒介」（medium）來界定的，包括語言文字、數字圖則、度量衡、建築物、車馬道路、貨幣、時鐘、印刷書刊、照相、電報、電話、電影、演講、選舉、球賽、民意調查、望遠鏡、自動器、原子彈、電腦、衛星通訊、科學概念與理論等。一切「人類功能之延伸」，皆為「技術」。而透過技術，將新的尺度引入人類事務中所產生的作用，皆為「媒介」。（請參見該書p.7。）依此界定，所謂「技術」或「媒介」幾乎就等於「所有人造物」或「所有人類文化產物」。麥克魯漢所謂technology，其用法不同於以下提到的艾律爾technique一詞的用法：一，也是最重要的，麥克魯漢是就整體人類文明史之出現與變化談問題的，亦即就天人之間或者人性與文化之間的關係來談問題的，不像艾律爾那樣偏重談現代科技的悲劇；二，麥克魯漢也不像艾律爾那樣具有強烈的文化批判意味，反而帶有先知訓示和藝術論評的味道。就此兩點特性而言，麥克魯漢的技術論或媒介論，與莊子的技術論更為接近，可相互比論；至少兩者都明白確認──技術並非身外之物。因此，在討論莊子的科技實踐時，應該先把艾律爾的technique轉化為或轉接至麥克魯漢的technology來討論會更恰當。

[13] 本文所謂「科技」，相當於二十世紀法國哲學家與社會學家艾律爾（Jacques Ellul）所謂tech-

　　基於「合理性」加上「人為性」的旨趣，現代科技註定會朝向尋找「最佳的一種辦法」的路走，最後皆選擇「自動化」，製造自動反應器或者設計自動操作程序，袪除人工和人情的干擾，亦袪除人工和人情的監督糾正，讓科技本身得以獨立自主。其次，科技成為人心中的「政治正確」指導方針，勢力日益擴大，愈富有的國家愈依賴科技和推進科技事業，大學和研究機構愈發達的地區科技在社會上愈有主宰力。如此因生果，果利因，層層相繫，塊塊連環，結果便成為一個籠天罩地的科技大羅網，幾乎使人無所逃於天地之間。

　　現代科技不等於「機械化」，雖然「機械化」是現代科技免不了的「病徵」──凡有現代科技之處，必會將一切機械化，使之了無人味。然而機器的發明使用只是現代科技的前奏曲，並非其本質。現代科技早已超越機器的效用與意義，反而成為機器之所以被納入社會文化生活中而為人所接受使用的橋樑。現代科技經常以有效組織的方式將機器置於合理使用的運作系統中，使之發揮應有的功用。沒有現代科技的中介整合，機械所惹起的麻煩將不容易收拾平服，以致必然妨礙機械之被接受和使用。總而言之，現代科技才是機器的主人，是它讓機器能「合理地」為人使用，特別是以有組織的方式被使用。而此種有效組織的方式本身即是現代科技中的心智科技。[14]

---

nique。艾律爾對technique的界說是：「純只是手段，或者一整套手段。」（Technique is nothing more than means and the ensemble of means）意即technique甚至不能說是「使用能用的資源以達致某些可欲之目的的一組實作」，因為對純只是手段的technique來講，「可欲」或「值得」是多餘的，可以去除不管。請參見Jacques Ellul (1964), trans. by John Wilkinson. The Technological Society, (18-19), New York: Vintage Books.關於此處前後所論現代科技的特性，請參考此書第78-149頁。

[14] 艾律爾舉了兩個例子來說明科技與機器之不同。其一是騎摩托車到達某個目的地和用摩托車撞死人之不同。前者是摩托車這部機器作為科技產品的合理用法，而後者則是純把摩托車當成一部機器而不合理使用它。其二是雖然某項經濟研究須要使用電子計算機來運算多達七十項變數的等式

　　前面提到，現代科技之異於古代技藝者在於其人定勝天的「理性化」思考。此種思考具有一種倒果爲因的強迫性，從人心的自信和自以爲是開始，對大自然予取予求，頤指氣使，利用技藝手段強迫大自然如奴隸般爲人所驅策，以滿足人心中因食髓知味而滋生出來的無盡欲求，進而以財富之累積及分配的方式倒反過來不斷強化其欲望需求，使得技藝的作用發生質性翻變，倒果爲因，反客爲主，不爲人類這工具製造者之目的服務，反而爲技藝本身之衍生發展服務。雖美其名曰「中性的科技體制」，其實是把一切自然資源皆視爲「存貨」，聽候其隨時派用。最後連人類自己也被當成人力資源的「存貨」而聽候派用。這就是現代科技既陰險又霸道的作風！[15]

　　時至今日，互聯網科技和全球化設施已經衝破了1980年代之前以民族國家爲中心的經濟及文化形態。科技的生態後果似乎又進入一個新的階段。此階段一般皆以「風險社會」稱之。[16]不過，亦有人特重經濟與文化面向，稱此階段爲「科技虛無風的資本主義」（techno-nihilistic capitalism）。電子通訊科技的確讓我們有更多的機會和選擇，快速擴大我們的生活空間，似乎有助於增進我們的自由。然而一來由於資訊量太多而且速度又太快，反而產生資訊內爆效果，使我們幾乎處於四面受敵，脫身不

以求解答，但這部電子計算機並非後來經濟生產力得以改善的關鍵，而是經濟計劃這項心智科技讓它得以使用於研究過程中才具有某些貢獻。（參見同上，The Technological Society, pp. 16, 96.）

[15] 當代德國哲學泰斗海德格（Martin Heidegger）對現代科技的看法大略如此。雖則他實際的主要立論是「技藝能讓人開顯（revealing）其存有」，而現代技藝的開顯存有方式比較特別而且褊狹，傾向於「強索硬要」（challenging）和「聽候派用」（standing-reserve）其對象。（請參見Martin Heidegger (1977), trans. by William Levitt, "The Question Concerning Technology: The Turning," The Question Concerning Technology and Other Essays, (3-36). New York: Garland.）海德格對現代技藝特性的評析，可與本文前面所提貝克所謂「世界風險社會」之論相接。貝克所呈現的現代科技作風的確是「既陰險又霸道」的。

[16] 請參考本文前面關於「世界風險社會」的註解。

得的受困狀態；二來網路上的虛擬資訊多是誇張不實或者虛擬組合而成的誘餌，使得活在此世界中的人有如活在夢境之中，與現實差距愈來愈大。偏偏當今的資本主義，就是靠此種虛誇不實的欲求和由其產生的「剩餘享受」（surplus enjoyment）來支撐的。當今「科技虛無風的資本主義」就是歡迎此種結合，本能快樂和不斷過度受資訊刺激的「聰明野獸」（intelligent beast）來當它的棋子，幫它搖旗吶喊、呼風喚雨。在此境況下，不但人反而失去自由，連帶人所賴以生存的地球生態環境也恐怕會遭殃。[17]至於人類所生存的地球是否會在五六百年之內便被人類自己所發明的科技所破壞乃至摧毀，包括大氣溫度過高、下硫酸雨、傳染病肆虐、人口累積成長過多、核子戰爭，以及人工智能機器反過來控制人類等，以致必須及早開發其他星球和實施階段性的外星遷居計劃，這是一回事；[18]面對此一「自作孽不可活」的困局，我們該如何在有生之年的日常生活中自處自得，則又是另一回事。古哲莊子之智慧所能貢獻於吾人者，主要在於後者。

三、有機事者必有機心

　　即使去古已遠，但是往深層處看，現代科技所面對的仍然是個天人關係的大問題。作為「異化的合理性」（alienated rationality）、「強索

---

[17] Ivo Quatiroli, "The techno-nihilistic capitalism, interview with Mauro Magatti, October 16th, 2009," http://www.indranet.org/the-techno-nihilistic-capitalism-interview-with-mauro-magatti/(2017.9.20).

[18] 請參考SBS News的報導"Stephen Hawking has delivered a prophesy of doom, saying a disaster for planet Earth as a result of scientific progress is "a near certainty". https://www.sbs.com.au/news/scientific-progress-to-bring-disaster-to-planet-earth-hawking?cid=trending（2016.1.20）以及CNBC的新聞報導："Some of Stephen Hawking's most famous predictions," https://www.cnbc.com/2018/03/15/stephen-hawking-predictions-human-extinction-to-global-warming.html（2018.3.18）

性的存有開顯」（challenging revealing of Being）乃至「欲望資本主義」（capitalism of desire），現代科技體制的問題，說到底仍然是個「人性執迷與時命限制」的問題。在人生的知行層面上，與莊子在先秦時代所面對的情況其實沒差多少，所不同者唯在物質技藝和禮刑名制等人造物（亦即前述麥克魯漢所謂「技術或媒介」）方面，現在已經羅網加密至重業難救的地步而已。在人生的知行層面上，莊子永遠是個天人相與之際的高人，即使生當今日，亦理應照樣逍遙自在。莊子無懼於人間世之混濁惡毒，他那種「虛與委蛇，應而不藏」的心法和應世策略足可以遇毒解毒。

人類為了事半功倍而發明的各種技藝和名制，在莊子看來都是人意所為的產物。人意所為的產物若非來自人的適性需要，即來自人的迷惑和愚蠢，也強化此種迷惑和愚蠢，使人迷失其自然天性，終日徨徨於憂樂之中而不能自已。在《莊子·天地篇》中，漢陰丈人所說的話——「有機事者必有機心」——就代表了莊子對待技藝（相當於今之所謂科技產物）的態度。[19]在此段文字中，漢陰丈人當然就代表莊子。不過，被代表莊子的漢

---

[19] 《莊子·天地》的原文是：「子貢南遊於楚，反於晉，過漢陰，見一丈人，方將為圃畦，鑿隧而入井，抱甕而出灌，搰搰然用力甚多，而見功寡。子貢曰：『有械於此，一日浸百畦，用力甚寡而見功多，夫子不欲乎？』為圃者卬而視之，曰：『奈何？』曰：『鑿木為機，後重前輕，挈水若抽，數如泆湯，其名為槔。』為圃者忿然作色而笑曰：『吾聞之吾師：有機械者必有機事，有機事者必有機心。機心存於胸中則純白不備，純白不備則神生不定。神生不定者，道之所不載也。吾非不知，羞而不為也。』子貢瞞然慙，俯而不對。有間，為圃者曰：『子奚為者邪？』曰：『孔子之徒也。』為圃者曰：『子非夫博學以擬聖，於于以蓋眾，獨弦哀歌，以賣名於天下者乎？汝方將忘汝神氣，墮汝形骸，而庶幾乎！而身之不能治，而何暇治天下乎？子往矣，無乏吾事！』子貢卑陬失色，頊頊然不自得，行三十里而後愈。……（答其弟子之問其故）曰：『始吾以為天下一人耳，不知復有夫人也。吾聞諸夫子：事求可，功求成，用力少而見功多者，聖人之道。今徒不然。執道者德全，德全者形全，形全者神全。神全者，聖人之道也。託生，與民並行，而不知所之，汒乎淳備哉！功利機巧必忘夫人之心。若夫人者，非其志不之，非其心不為，雖以天下譽之，得其所謂，謷然不顧；以天下非之，失其所謂，儻然不受；天下之非譽無益損焉。是謂全德之人哉！我之謂風波之民！』反於魯，以告孔子。孔子曰：『彼假修渾沌氏之術者也：識其一，不知其二；治其內，而不治其外。夫明白入素，無為復朴，體性抱神，以遊世俗之

陰丈人所批評的子貢乃至其師孔子，就不一定是眞正本色的子貢和孔子，而是比較遜色的稻草人和練拳沙包，[20]因爲就像在《莊子》其他篇章中那樣，他們皆頗爲受教，不只承認自己所知的儒術較諸莊子高明的無爲道術有所不足，還進而應和道家之言而加以奉承發揮。[21]漢陰丈人是個志向高遠的高級修道者，又活在古代科技不發達，人造物尚未主宰人的生活方式（包括生產方式和消費方式）之時，故此其所採取的應對策略是：「吾非不知也，羞而不爲也。」何以羞而不爲呢？原來是因爲他的老師曾跟他說過：「有機械者必有機事，有機事者必有機心，機心存於胸中則純白不備，純白不備則神生不定。神生不定者，道之所不載也。」既然有機械在手最後必會神生不定，道所不載，所以他寧願捨棄機械，無機械在手。起先子貢還本著其師孔子一向的教導，以爲「事求可，功求成，用力少而見功多」是無爭的高級道理，但後來知道漢陰丈人原來是「羞而不爲也」才如此，他便瞞然有慚，俯而不對。其後再被漢陰丈人數落一，說自己和老師孔子一樣，汲汲營營於享譽天下和治正天下，反而己身未治、神形疲

間者，汝固將驚邪？且混沌氏之術，予與汝又何足以識哉？』」〔王夫之（1984），108-109。〕

[20] 當然，亦如在《莊子》其他篇章中一樣，此處的孔子和子貢都是莊子捏造出來當反面教材的故事人物，故此他們所講出來的儒家道理也剛好是莊子道術的反面，雖則與儒術差之不遠，卻非儒術可貴之本色。以一個無名的鄉下老頭兒對上天下知名的孔子和其名弟子子貢，偏偏在道術上把無名者說成比有名者更高明。這正是莊說話「恢恑憰怪」的風格！

[21] 論文審查人之一認爲，此段文字中的孔子，其修爲境界畢竟比漢陰丈人高，因爲他聽完弟子子貢受到漢陰丈人所震撼的經歷報告之後，評斷漢陰丈人的道術說：「彼假修混沌氏之術者也，識其一，不知其二，……汝固將驚邪？且混沌氏之術，予與汝又何足以識之哉？」該審查人之所以會如此閱讀理解，緣故恐怕有二：一是被「假修」和「識其一，不知其二」的一般文義所誤導，認定這是一種貶抑的語氣；二是他打從心底對漢陰丈人那種「用力多而見功寡」的簡單負面應對方式不以爲然，認爲這距離混沌氏之術的高妙境界太遠，正應了孔子「假修」之貶抑評斷。該審查人似乎一則沒考慮到文中的孔子可能並非眞正本色的孔子，二則對於所謂高妙道術的想像是屬於前面提到之宋明儒慣用的「體用論式的相反合一」，以致看不出何以漢陰丈人「忘乎功利機巧」這種看似簡單負面的應對方式即算是「全德之人」的道理。

懣，於是更瑣瑣自失而難以釋懷。及後子貢以自歎不及的口吻對探問緣由的學生說，漢陰丈人忘乎功利機巧，眞是個全德之人，而他汲汲於功利機巧，可謂是個風波之民，差太遠了！回到魯國，其師孔子又以道術行家的語氣附和說：「漢陰丈人應該是個修習混沌氏之術的人。他們的道術重點是『識其一，不知其二；治其內，不治其外』。其道術段數比我們的高出許多，又那裡是我們倆師徒所能懂得了的！」[22]

在此段《莊子・天地》的文字中，莊子主要是透過漢陰丈人此種取捨心態──羞而不用桔槔來汲水，寧願比較費事辛苦又用力多而見功寡地鑿隧入井、抱甕出灌──來批評那種心思直往事半功倍的求功求名之路走的道術，而且假設那就是孔子之術。就此而言，莊子認爲，使用桔槔這種「機事」就相應於一種以物爲可爲、爲足爲之「機心」。「機心」就是以爲人大可在機械的幫助之下比較輕鬆省力得到所欲得的結果，而且若人願意，還可得到更多，無求不應。如此一來，人心就無法保持自然無爲而被有可爲的心思所勾動了。人心一旦被如此的心思所勾動，就再也不能時刻

---

[22] 所謂「識其一，不知其二；治其內，不治其外」，就如同《孟子・滕文公》所謂「且天之生物也，使之一本，而夷子二本故也。」又如同《孟子・告子》中，孟子所主張的「仁義皆內在，非仁在內而義在外」。孟莊在「性內一本之法」方面是相通的。但王夫之《莊子解》裡的解法與本文此處不同。王夫之說：「抱甕者自抱，槔者自槔，又何機巧之必羞邪？子貢不知而驚之，子曰『何足識哉』以此。」〔王夫之（1984），109〕王夫之的解法顯然有誤：一來他把《莊子》書中的孔子誤當成仍是真孔子，是真孔子便理應看不起混沌氏之術；二來他把「識其一，不知其二；治其內，不治其外」這些話當成話僅是貶抑之辭，而非闡述性的讚歎之辭。他對莊子道術的解法與宋明儒慣用的「體用論式的相反合一」基本相同。譬如他關於莊子道術的得意之解──「小大一致」──便強調「兼而非耦，無辨而一」：「多寡、長短、輕重、大小、皆非耦也。兼乎寡則多，兼乎輕則重，兼乎小則大，故非耦也。大既有小矣，小既可大矣，而畫一小大之區，吾不知其所從生。然則大何不可使小，而困於大？小何不可使大，而困於小？無區可畫，困亦奚生！」（〈逍遙遊〉）；又「不立一我之量，以生相對之耦，而惡有不齊之物論乎？此莊生之所以凌轢百家而冒其外者也。」（〈齊物論〉）此種「雖大而可小，雖小而可大，相通無隔，暗合一體」的「兩全其美」想法，正是宋明儒慣用的「體用論式的相反合一」的思考方式。參考：王夫之（1984），〈逍遙遊〉、〈齊物論〉，《莊子解》，1、10。

隨順著天地自然的變化韻律過日子了，而是像機器開動了一樣，運轉容易停止難，而且有一就有二，有二就有三，已經不是隨時可叫停或回轉重來的狀況了。關於物事（在此故事中是指汲水灌溉這回事），莊子的根本態度是：「物者莫足爲也，而不可不爲」（《莊子・在宥》）。[23]因此，莊子才不贊同以物爲可爲、爲足爲之「機心」。先秦之時的桔橰只是讓人能事半功倍的機械，尚且能擾動人心至如此之地步，何況其存在理由已經超出提供事半功倍之效用的今日科技如網路和手機呢！網路和手機當然也是機械，但是此種機械已經自成一個王國，主要爲自己服務，乃至反客爲主，不只不爲人類的目的服務，反而要求人類爲其目的服務。人意已經蛻變爲「擬似人意」，不再是真人意。其真正性質甚至可說已蛻變爲篡奪人意之「物意」矣！而人自身也蛻變成前述所謂「聰明野獸」，營營役役地贊助支援「假借人意」的「欲望資本主義」。如此形勢，我們還能如莊子那樣，「觀於天而不助，因於物而不去」（《莊子・在宥》），不加爲於天，不有爲於物嗎？今日的我們是否也應如此和能如此對待網路和手機呢？

四、莊子與科技生活實踐

如果作爲莊子代言人的漢陰丈人活在今日，不但不必再「羞而不爲也」，而且也不能再「羞而不爲也」，必須酌量酌情而有所爲了！不過這樣做亦並未違反莊子的根本主張，只是因應時代情勢之劇烈變化所作的具

23　《莊子・在宥》：「賤而不可任者物也，……神而不可爲者天也。故聖人觀於天而不助，……因於物而不去。物者莫足爲也，而不可不爲。」〔王夫之（1984），《莊子通・莊子解》之《莊子解》，99-100。〕

體做法而已。須知莊子並不一刀切地反對人爲產物，包括物質技藝與禮刑名制，因爲說到底，畢竟「天與人不相勝也」（〈大宗師〉）。雖則他的一般主張是愈合於自然天性愈好，但這是針對執著於人意的一般人說的，不是針對得道之眞人說的。對於得道之眞人而言，「天」與「人」兩者其實並非截然斷分的兩造，兩者之間關係非常微妙糾纏。所謂「天」亦包含「人」的成分在內，端看我們如何拿捏對待這成分而已。如果我們能如〈大宗師〉所言：「故其好之也一；其弗好之也一。其一也一；其不一也一。其一，與天爲徒；其不一，與人爲徒。」則人事人意亦無礙其間接爲天事天意。人事又總有「命」與「時」的不得已成分在，故此常須退而求其次，轉而講求相對的適性策略和虛與委蛇策略。譬如「水行莫如用舟，而陸行莫如用車」[24]及「善用不龜手藥」[25]等，是適性策略。「以刑爲體，以禮爲翼，以知爲時，以德爲循」[26]等，是虛與委蛇策略。古時人爲產物尚未成爲天羅地網，緩衝空間仍大，故只須用適性策略即足以應付，

---

[24] 在《莊子‧天運》中，在顏回面前批評孔子之道窮不濟事的師金比喻說：「夫水行莫如用舟，而陸行莫如用車。以舟之可行于水也，而求推之于陸，則沒世不行尋常。古今非水陸與？周魯非舟車與？今蘄行周於魯，是猶推舟於陸也。勞而無功，身必有殃。」師金跟著還以桔槔爲例，以闡明他對無爲之道的想法：「彼未知夫無方之傳，應物而不窮者也。且子獨不見夫桔槔者乎？引之則俯，舍之則仰。彼人之所引，非引人也，故俯仰而不得罪於人。故夫三王之禮義法度，不矜於同而矜於治。故譬三王五帝之禮義法度，其猶柤梨橘柚邪！其味相反，而皆可于口。故禮義法度者，應時而變者也。」此種應時而變的主張就是一種適性策略。從下文所言「古今之異猶猨狙之異乎周公也」及「西施矉則美而醜女矉則不美」二喻，亦可爲證。〔王夫之（1984），《莊子解》，126-127。〕

[25] 從使用者的決策能力來說，適性策略也可以說是善用能力。《莊子‧逍遙遊》：「莊子曰：夫子固拙於用大矣！宋人有善爲不龜手之藥者，世世以洴澼絖爲事。客聞之，請買其方百金。聚族而謀曰：『我世世爲洴澼絖，不過數金。今一朝而鬻技百金，請與之。』客得之，以說吳王。越有難，吳王使之將，冬與越人水戰，大敗越人，裂地而封之。能不龜手，一也。或以封，或不免於洴澼絖，則所用之異也。」〔王夫之（1984），《莊子解》，7-8。〕

[26] 《莊子‧大宗師》：「以刑爲體者，綽乎其殺也；以禮爲翼者，所以行于世也；以知爲時者，不得已于事也；以德爲循者，言其與有足者至于邱也，而人眞以爲勤行者也。」〔王夫之（1984），《莊子解》，60。〕

甚至可像漢陰丈人那樣「羞而不爲」，亦無不可。今日人爲產物已然成爲天羅地網，緩衝空間甚小，則必須多用虛與委蛇策略才行。

今日科技之所以成爲天羅地網，無多少緩衝空間讓人得以猶豫思索，其實得力於一種詭辯的「客觀論」或「中立論」，認爲科技產品只不過是一種客觀有效原理的應用結果，本身是一種中立的手段或工具，可與人的價值選擇相分離或者與人的價值選擇無關。此種現代「客觀論」或「中立論」，較諸古時孔子所謂禮義法度之是非黑白或者子貢所謂事半功倍之效用，其強度不可以道里計。不要說近年來美國槍械大屠殺案頻頻出現仍然撼動不了美國的槍械自由買賣事業，基本上美國人仍然認爲這些暴力慘案與槍械本身無關，而只與是否無限制地自由買賣有關；[27]即使一些核電廠和核子武器曾經出過問題而且遺害難以收拾，當今世界上的核電廠不是照樣一間間繼續興建，核子武器不是照樣在軍事大國之間陸續增加布署，而且還不斷有國家想盡辦法跟進發展嗎？在目前的西方科技大國思想界裡，只有一種「新科學觀」是專門強調科技發明與人類心理思想之變化是緊密聯繫在一起的，而且通常是前者之存在和使用引起後者之改變的。提倡此種「新科學觀」的代表是「媒介學」（mediology）先驅麥克魯漢（Marshall McLuhan）。[28]麥克魯漢媒介理論的四大主張是：第一，媒介乃人之延伸。媒介延伸或擴展了人的知覺幅度。第二，媒介體現一種封閉了的尺

27　請參考如下《維基百科》網路文章：“Gun politics in the United States,” Wikipedia, https://en.wikipedia.org/wiki/Gun_politics_in_the_United_States 2018.2.20.

28　麥克魯漢最爲人所知也是最重要的著作是：Understanding Media: (1964). The Extensions of Man, New York: McGraw-Hill.（中國大陸南京譯林出版社2011年有何道寬譯的增訂評註本《理解媒介：論人的延伸》）麥克魯漢於1980年逝世。其子Eric McLuhan將父子倆曾合作編寫的，關於《理解媒介》一書修改版的文稿整理出版爲：Laws of Media (1988). The New Science. Toronto: University of Toronto Press.麥克魯漢最膾炙人口的名言是「媒介即訊息」──媒介本身即是訊息，而且此訊息比內容訊息更重要，更深廣，更具決定性。媒介訊息主要是物質地延伸改變我們的知覺尺度。

度，其中的成分比例此消彼長。第三，過度即會反轉。過熱會轉涼，過快會變慢。第四，媒介會以內容的方式恢復過來，成為我們意識的對象。[29] 姑且撇開中西古今思想之根本差異不說，麥克魯漢所謂「媒介」，可比作老莊所謂「名」或「物」。上述第一點可比作老子所謂「無名，天地之始；有名，萬物之母」。第二點可比作老子所謂「萬物負陰而抱陽，沖氣以維和」。第三點可比作老子所謂「天下皆知美之為美，斯惡已」和「反者道之動」。第四點可比作老子所謂「道可道，非常道；名可名，非常名」或者「有之以為利，無之以為用」。[30]人類使用媒介道具，就如同希臘美少年神祇納西塞斯（Narcissus）不知水中倒影就是自己那樣，愛上了那倒影，結果溺死在水中而化為水仙花。這就是媒介的麻醉作用。人們不知道媒介其實是人的延伸，以為使用了也沒甚麼關係，端看以甚麼動機和價值來使用而已。此點如果比作老莊的看法，就其不自覺名物其實與人的處境和心理有關而言，即近似於老子最難為人所理解的「道可道，非常道；名可名，非常名」；而就其誤知誤認之可笑可歎而言，可相當於莊子所謂「夢飲酒者，旦而哭泣；夢哭泣者，旦而田獵。方其夢也，不知其夢也。夢之中又占其夢焉，覺而後知其夢也。且有大覺而後知此其大夢也。

---

29 關於麥克魯漢此四點媒介學主張，請參見同上，Laws of Media, "Preface."其中的第二點必須在此補充說明。麥克魯漢將媒介依性質分成熱和涼兩種。「熱媒介」（hot media）是指「因訊息高度界定致使參與度低」（high-definition, low-participation）的媒介，如視覺、拼音字母、印刷書刊、照片、廣播、電影、鐵路、演講會、古典音樂、現代科學、都市、現代貨幣、民主選舉制度等；「涼媒介」（cool media）是指「因訊息低度界定致使參與度高」（low-definition, high-participation）的媒介，如聽覺、象形文字、口語、漫畫、電視、飛機、座談會、山歌、箴言偈語、鄉村、巫術、皇權制度等。「熱媒介」蘊含普遍性，而「涼媒介」蘊含特殊性。如果勉強與中國的陰陽五行分類相比，則「熱媒介」相當於陽氣為主的木、火和陽土，而「涼媒介」則相當於金、水和陰土。

30 朱謙之（1985），《老子校釋》，3、5、9、45、165。

而愚者自以爲覺，竊竊然知之」。[31]莊子對名物的看法與麥克魯漢對媒介的看法可有如是相通之處。[32]

　　莊生之道術是修道高人的道術，不是一般人的道術。修道高人的道術是「天道」，無爲而自適；而一般的道術則是「人道」，有爲而自累。莊子以「天道」爲主爲尊，以「人道」爲臣爲卑。[33]莊生之道術若用於今日，面對現代科技，亦只適合有心修道之個人，而不適合無心修道之眾人或集體。若用在無心修道之眾人或集體上，莊生之道術亦僅只適合作爲教育文化的宣導內容，普灑智慧之水而讓有心修道者有機會得以汲取滋養，不適合作爲國家政策或政令加以執行，以免又自陷於「有機事者必有機心」之惡性循環中，以油救火，治絲益棼。[34]

　　就有心修道者而言，莊生之道術永遠有效，因爲它所處理的是根本的天人問題，不會因爲物事或科技情勢之劇烈變化而無效。名物之爲天羅地網、人生即有、自古即有，因爲這是人心之芒昧所助成的。技術或科技產物只不過一種身外的誘惑或陷阱而已。[35]古時候，這種誘惑或陷阱不像今

---

[31]　朱謙之（1985），《老子校釋》，3。王夫之（1984），《莊子通‧莊子解》之《莊子解》，27。

[32]　論文審查人之二認爲宜以《莊子‧大宗師》「其一也一，其不一也一」的中道原則來持平看待現代科技，不要一面倒地負面看待。此處有兩點回應：其一是只有真正的「大宗師」才有本事如此應接現代科技而無傷，一般人是無法不受因受害的；其二是現代科技本身即源起自人心之芒昧好勝，以爲物事可爲而且足爲，乃至今日尾大不掉，伊於胡底。試問我們還能正面看待它嗎？即使今日有所謂「綠色科技」，那也只是一種帶有懷舊情調的「補破網」科技而已，於事已無補矣！

[33]　《莊子‧在宥》：「何謂道？有天道，有人道。無爲而尊者，天道也。有爲而累者，人道也。主者，天道也；臣者，人道也。天道之與人道也，相去遠矣，不可不察也。」（王夫之（1984），《莊子解》，100。）

[34]　論文審查人之一認爲《莊子‧大宗師》有所謂「魚相忘乎江湖，人相忘乎道術」，從此即可開展出公共性的社會實踐意義來。顯然，這位審查人跟另一位論審查人一樣，都忘記了莊生之道術並不是一般人所能了解和實行的高明道術這回事，誠能相忘乎道術的就只有像莊生之類的修道高人。這種人從來都是少數中的少數，是人類中的稀有品種。

[35]　《莊子‧齊物論》「其寐也魂交，其覺也形開：與物爲構，日以心鬥。……一受其成形，不亡以待盡：與物相靡相刃，其行盡如馳而莫之能止，不亦悲乎？」〔王夫之（1984），《莊子解》，

日這麼多，漢陰丈人仍可以本著適性善用的策略，採取「羞而不爲也」的方式簡單應對。然而面對今日天羅地網式的科技情勢，就必須將應對策略從側重適性善用調整爲側重虛與委蛇方可。既然是修道高人，自然能「明乎物物者之非物也……合乎大同。大同而無己。無己，惡乎得有有？」（《莊子・在宥》）[36]行莊生之道術者，無時無地不逍遙。科技於彼何有哉！但也必須是修道高人才能如此。一般人面對今日此種天羅地網式的科技形勢，是沒辦法如此的！

13-15。）

[36] 王夫之（1984），《莊子解》，99。

參考文獻

一、研討會論文

蔡錦昌（2006.11）。〈論宋明儒體知工夫論之得失〉，哈佛燕京學社訪問學人協會與臺大高等人文研究院合辦「體知與儒學」研討會論文，2006.11.22-23，頁1-16。（http://myweb.scu.edu.tw/~reschoi3/choi/SungMing_kungfu.doc 2018.5.24）

Quatiroli, Ivo (2009.10.16). "The techno-nihilistic capitalism, interview with Mauro Magatti, October 16th, 2009." http://www.indranet.org/the-techno-nihilistic-capital-ism-interview-with-mauro-magatti/

二、期刊論文

楊儒賓（2014.12）。〈道家之前的莊子〉，《東華漢學》，20：1-46。

Beck, Ulrich (2001). "Ecological Questions in a Framework of Manufactured Uncertainties." Steven Seidman and Jeffrey C. Alexander (eds.). *The New Social Theory Reader* (267-275). London: Routledge.

三、專書

蔡錦昌（1996）。《拿捏分寸的思考：荀子與古代思想新論》。臺北：唐山。

Ellul, Jacques (1964). *The Technological Society*, tr. by John Wilkinson. New York: Vintage Books.

Heidegger, Martin (1977). "The Question Concerning Technology: The Turning." *The Question Concerning Technology and Other Essays*, tr. by William Levitt (3-36). New York: Garland.

McLuhan, Marshall (1964). *Understanding Media: The Extensions of Man*, New York: McGraw-Hill.

McLuhan, Marshall & Eric (1988). *Laws of Media: The New Science*. Toronto: University of Toronto Press.

四、古籍

王夫之（1984）。《莊子通・莊子解》。臺北：里仁。

朱熹集註，蔣伯潛廣解（1971）。《廣解語譯四書讀本・孟子》。臺北：啓明。

朱謙之（1985）。《老子校釋》。臺北：漢京文化。

五、網路資源

Wikipedia (2018.2.20). "Gun politics in the United States." https://en.wikipedia.org/wiki/Gun_politics_in_the_United_States

Wikipedia (2017.9.20). "Degrowth." https://en.wikipedia.org/wiki/Degrowth

SBS News (2016.1.20) "Stephen Hawking has delivered a prophesy of doom, saying a disaster for planet Earth as a result of scientific progress is "a near certainty". https://www.sbs.com.au/news/scientific-progress-to-bring-disaster-to-planet-earth-hawking?cid=trending

CNBC News (2018.3.18) "Some of Stephen Hawking's most famous predictions," https://www.cnbc.com/2018/03/15/stephen-hawking-predictions-human-extinction-to-global-warming.html

Whoever Has a Machine to Operate is Bound to Bear a Machine Mind -- Zhuangzi and the Practice of Science and Technology Life

Abstract

The essence of Zhuangzhi's thought lies in these teachings: "do not let what is human wipe out what is heavenly" and "one should not allow himself to be hurt by his business"; and the strategy is "to comply oneself with a situation in an empty mind, responding but not storing." In today's situation where scientific and technological thinking as well as products dominate human lifestyles, such ideas and tactics of Zhuangzi are particularly valuable and useful, with the effect of detoxification.

In Zhuangzi's eyes, all the technologies and institutions invented by mankind for the purpose of achieving maximum results with little effort are the product of the human mind. They are either derived from the suitable needs of human beings or from the confusion and stupidity of human beings. This kind of confusion and foolishness are intensified at the same time through them, making people lose their natural temperament and cannot help being happy or sorry without self-control all the time. In the "Chapter Heaven and Earth" of *Zhuangzi*, what the old gardener living on the south bank of the Han said-"Whoever has a machine to operate is bound to bear a machine mind"-represented Zhuangzi's attitude toward machine and technology.

As the technological system in ancient times was not as huge and complex as today, the tactic adopted by the old gardener was: "It is not that I don't know about that machine - I would be ashamed to use it." If he is alive today, not only he need not do so, but also he cannot do so. He must do something with his discretion as appropriate, but the mentality and tactics are of course still only compliant in an empty mind.

Keywords: Zhuangzi, Heaven and Man problem, science and technology life, to comply oneself with a situation in an empty mind, put to a good use

墨學建構之醫療場域

蕭宏恩

中山醫學大學通識教育中心教授兼主任

摘要

　　「醫療場域」不僅僅只在於各大、小醫療院所或是醫、病之間的對待，而應由在學的醫療受教場域延伸至社會上的醫療院所，醫療專業人的學習也該由學校的受教學習延伸至醫療院所的自主終身學習，因爲在校學習的良窳會嚴重影響爾後的行醫與終身學習。如今，無論是行醫或是學習，都是整體性的作爲，那麼，當今醫療場域的建構則必須是整體性的團隊作爲。如此，墨學即爲現代醫療場域之建構的最好依憑，因爲，其一，墨家團體是爲團隊之延續性的運作，無論是在學習或是行動作爲上；其二，墨家團體是以兼愛爲其理念的凝聚，墨學是以兼愛爲其終始的學說；其三，墨家教育是以「爲義」爲啓始，而至「自主爲義」的終身學習，「爲義」即是爲眾人謀福利、造就幸福的兼愛行。由之，墨學實可爲當今醫療場域建構規劃之依憑。

關鍵詞：墨學、兼愛、爲義、墨家團體、醫療場域、醫療專業人

一、醫療場域

醫療場域，意謂著「疾病診治，緩解病痛，預防疾病，促進健康」之對待的具體時空關聯，在現實層面，一般人即將之意會為各大、小醫療院所內的醫療專業人（尤其是醫師和護理師）與病人之間的對待。如此的設想並不為過，只是一般人對「醫療」的概念，僅在於疾病診治與緩解病痛的「救死扶傷」，殊不知一名醫療專業人的陶成是需要長時間的養成，才得以具備勝任實務的知能（知識與技術導向），而且為了維繫如此專業能力（科技與人文）於相當標準，就必須有經過審定的專門課程用以教育專業學習者，亦必使得專業學習者有所體會方為完成。也就是說，醫療專業人的養成，受專門陶冶，肯定其從事專業實務的勝任能力，且有適度的專業權利，亦即，在醫療專業範疇內的權威，及其於專業上的自主性。（蕭宏恩，2004：9-10）當然，醫療專業人的陶成是終其一生的志業，而非僅僅止於學院內（在學）的養成，然而，大家也都明白，學院內的學習是最基本醫（護）、病之間對待的養成，其中也含括醫療專業人之間以及各個不同專業背景之醫療專業人彼此之間合作關係的學習，臨到實務上之醫病對待、醫療照護時，方得以迅速謀合。另外，醫療專業人在實務上所面對的，不再只是病人，更需面對病人之親屬或其主要照顧者，這在學院內的學習經常容易被輕忽，主要原因，筆者以為在於學院內的教育偏重專業知識的傳授，專業化（professionalization）的形成著重於「知識專業相」的顯像，將「疾病」（disease）當成了醫療專業的對象，輕忽了「人」的存在，「人」才是醫療專業的對象，而人的存在主要是基於情感關係的聯繫。況且如今病人自主意識抬頭，在臺灣，病人之親屬或其主要照顧者介

入病人自主權的行使[1]仍是常態，筆者並無意將之視為一種普遍存在的倫理瑕疵，因為任何行為或行動的倫理判斷須考量其所處社會文化背景，重要的是，如何在病人真正的自主意願下獲致其應有的福祉。凡此種種，無論是醫療專業知識、倫理、相關人文素養等等，都需要由學院內的學習中養成，延伸至現實具體實務的作為上逐漸陶成、臻於成熟。

二、為什麼是墨家？

由以上所言，不難明白所謂「醫療場域」實則涵括學院內的學習場域延伸至現實上的各大、小醫療院所。也就是說，醫療相關科系之學生（統稱「醫學生」）入學的第一天起即已踏入了醫療場域。本文即意在如此意義下，由墨學提出對當今醫療場域之建構，筆者並無意否定或對原有之醫療場域架構的重建，而是檢視當代以自然科技（自然科學和技術）為典範所建構之醫學科學，其在今時代之疏漏及鬆散處作一因應時代的重構，以維持其架構的穩固及緊密性。那麼，為何是由墨學的建構？有以下三方面理由：

其一，與其說墨家，毋寧說是墨家團體，墨家實際上唯一團隊性運作之組織，無論是在（教育）學習、或是實踐（行動）作為上。墨家團體的運作有其縱向之延續性，以及橫向之聯繫性，以「鉅子」為尊、為首，乃為具整體、一貫性之緊密組織；墨翟為首任鉅子。當今所言醫療體系，即為醫療的團體性運作，再好的名醫，背後也需要一個有力支持的團隊，其中有一環節出了問題，即足以害命。當年喧騰一時的「邱小妹醫療人球事

---

[1] 這裡尚涉及「代理自主權」的行使問題，因並非探討主體，故於此不多做討論。而此言「介入」乃意謂並不在於行使代理自主權的一般情況中。

件」（2005年1月10日）[2]，不就是一個很好的例子嗎！？

　　其二，團體（團隊）的凝聚，需要一種堅實的理念以為撐持與維續。墨學是以「兼愛」為其終始的學說，墨子當時將最為弱勢的平民百姓組織成墨家團體，最初就是為了求生存，但就在「兼愛」之理念的凝聚下，儼然形成一股足以撥亂反正之力量，進而可以為天下謀幸福。醫療場域本來就是關照「人」生命品質之所在，以「兼愛」作為理念，正是切合於醫療實務中的關係對待，因為墨家「兼愛」是要「視人如己，愛人若己」，而醫療實務中的關係對待主要在於「視病猶親」，其間的相應之道，由墨家「兼愛」的「視人如己，愛人若己」而言醫療對待關係中的「視病猶親」，更能讓我們明白且掌握「視病猶親」在醫療現場的實務展現。[3]

　　其三，墨家教育是以「為義」為啟始，而至「自主為義」的終身學習，「義」是「公利」，乃兼愛之外在事功，「為義」即是為眾人謀福利、造就幸福的兼愛行。雖前已有言，然筆者於此要再次特別強調，自醫學生踏入學校的第一步，即已進入醫療場域，就是面對病人的開始、甚而可說「就在」面對病人，雖然尚無一個所謂病人的實體在面前。前文已提及，學習是由學院延伸至現實具體實務的終身作為，身為一名醫療人員，無論是在校或在工作崗位上，皆必要用心學習，吸收充分的知識與吸取豐富的經驗，這樣才得以在具體的工作上應付各種狀況，給予病人（及其親屬）最好的照護與服務。很明顯的，如此正是「兼愛」之理念的一貫精神。在校學習有一定的課程與進程，當按部就班而非亦步亦趨，培養問題意識；進入工作崗位後的學習，當努力吸取經驗，發揮問題意識，覺察己

---

[2]　維基百科：https://zh.wikipedia.org/wiki/%E9%82%B1%E5%B0%8F%E5%A6%B9%E4%BA%8B%E4%BB%B6

[3]　筆者曾發表〈由墨家兼愛談「視病猶親」〉一文論即於此。參考：蕭宏恩（2012），《高雄醫學大學通識教育學報》，7，46-61。

之不足與所處情境的問題所在，自主學習以補己之不足以及更加精深己之所學，一步一腳印而非隨波逐流。

三、團隊意識

（一）問題意識，對醫療團隊鬆弛之意識。

提及「問題意識」，筆者以為，「問題意識」的培育，是在學習上，尤其是學院內的學習，乃是更深一層意義之所在，因為在意識內、甚至在認知上，都認為在學的學習與實際工作場域的落差是所謂理想與現實之間的差異，然而並不清楚其間差異的「問題」所在、所指？難掩疑惑，卻又不知所措，只得隱藏自己的疑惑，憑著想像或隨波逐流的說法；在受教上區分重要、不重要的科目而形成「差別待遇」式地選擇性的學習。憑著想像的選擇性學習，即是想像在現實的各大、小醫療院所比較「需要」什麼或什麼比較「有用」才願去學習。這樣一種思維顯然就是將學院內的學習場域與現實上的各大、小醫療院所，應該是同一的醫療場域，卻區分了開來。更嚴重的是，各有各的想像、各有各的心思，而現代醫療是團隊的運作，各有心思、各有想像的結果，必然影響團隊整體的學習。不難明白，團隊的凝聚，正是堅實的理念向外展現成果，堅實的理念督促著團隊成員不斷地學習、進步，向外展現成果則是需要統整的知識與技能；否則，團隊的鬆散便足以害命，前文提及喧騰一時的「邱小妹醫療人球事件」正是在一個鬆散醫療團隊下被犧牲的稚幼靈魂！除此之外，還有多少並未引起一般民眾那般關注的案例？譬如說，近年臺灣的醫療糾紛一直居高不下。以臺北市來說，直至2016年10月初，五年內，臺北市衛生局就接獲4744

件民眾陳情案。[4]更有甚者，不僅是醫療糾紛，醫院暴力滋擾事件亦層出不窮，自2013年至2016年7月為止，臺北市衛生局接獲醫院通報滋擾妨礙案130件，而且是逐年上升，尤其是急診室發生的暴力滋擾事件；最大原因即在於急診壅塞，民眾不耐久候而出現言語或行為暴力。[5]除了醫療糾紛和醫院暴力滋擾事件之外，2011年，在南部某醫院服務的一位林姓護理師，將六年前（2005年）在中部某醫院實習時，所拍攝一名產婦剖腹生產的多張照片公然地張貼於其公開的部落格（blog）上，受到網友的撻伐與該縣市衛生局的介入調查才披露出來。[6]同年，另一名服務於北部某醫院的護理師在臉書上擅自貼出一名切腹患者肚破腸流的血腥照片，還逕自撰文「哈好久沒看到我喜歡的人體了」。同樣是洩露病人隱私事件，2014年，北部某醫院的東部分院的護理師在手術室拍照打卡，將手術中病人被剖開的腹部照片貼上臉書。[7]凡此種種，難道只是個人的問題嗎？團隊成員之間的約制、督促何在？這些案例層出不窮，雖不致於有害命之虞，但顯然醫療團隊的螺絲鬆了！

（二）醫療之團隊意識

前文已有所強調，如今是一個團隊運作的時代，個人的單打獨鬥已難以支撐，就專業之為一門專業的判準來說，專業人共同組成協會或學會等專業團體，團體成員必須是通過審定之教育（學習）認證合格的專業人。

---

[4]　今日新聞（NOWnews, 2016/10/03），http://www.nownews.com/n/2016/10/03/2258979

[5]　udn／元氣網／新聞話題／醫藥新聞（2016/08/30），https://health.udn.com/health/story/5999/1927148

[6]　蘋果日報電子新聞（2011/08/18），http://www.appledaily.com.tw/appledaily/article/headline/20110818/33606058/

[7]　蘋果即時電子報（2014/03/13），http://www.appledaily.com.tw/realtimenews/article/new/20140313/359292/

專業團體的組成，即是爲了藉由組織力量、組織聯繫以及組織成員之間的互動、相互砥礪，已建立起專業人的責任心與責任感，維護專業聲譽，使得專業值得大眾所信任。（蕭宏恩，2004：11-12）醫療直接關乎人生命之品質，「值得信任」正是對人生命品質的保障與提升的一份允諾，這份允諾是醫療專業人「給予」人生命品質的保障與提升的機會。筆者用一個逆向對比的例子來說，就某種程度上而言，以最爲單純的設想，對比於戰國時代戰士們在戰場上的求生存，醫療場域正是予人生存之所在。戰士的訓練，而且是團隊的學習，必須在上戰場前即熟稔、完成，在戰場上對生命的保障，基本上掌握在自己手上，戰戰兢兢地接受訓練、努力學習，就是爲在戰場上給自己生存的機會。相對地，在醫療場域，卻是醫療專業人給予他人生命保障的機會，不僅如此，更是多了一份生命品質得以提升的場域。多了這層意義，醫療專業人在學院內作爲準醫療專業人開始，更需全心投入於自身，尤其是醫療團隊整體的教育（訓練），更當好好地學習，否則，豈不落了個草菅人命之罵名！

（三）墨家團體之團隊意識

墨家的團隊性運作，在先秦諸子百家中獨樹一格，墨家團體最早即是由墨翟（墨子）所組織，主要成員是當時戰亂年代中最弱勢之工人階層的平民百姓，加之戰士、商賈、巫醫、農民、亡命者（罪犯）等編制而成。百姓即「百工」，各有各的專門技能，散在民間只能各自糊口，戰亂時期卻是朝不保夕。結合百姓成爲一個團體，百工依其技能分擔團體內的工作，各諳其職，由集團所崇稱之聖王、賢者指導並授予百工所需知識，以精進其專門技能，而集團最高指導者稱爲「鉅子」。墨家團體的學習，除了對其本身技能的精進，更重要的是，百工彼此之間的學習與熟悉，所

以團體成員被要求循環各部門而熟悉彼此的學習[8]。如此，在最高指導者（鉅子，也是集團的領導者）的指揮、調度下，由兼愛理念的精神凝聚且唯墨子（墨翟，墨家團體的首任鉅子）之言論（思想）為宗，墨家團體儼然成為一個緊密組織的行動團隊，為了團體的理想，為完成既定的目標而赴湯蹈火、在所不辭！（吳進安，2003：234-239）由之，不難理解，墨家團體已非僅僅聚在一起求生存的一夥人，卻是實踐理想、完成目標而凝聚形成的一股足以左右世局之力量的行動團隊，不只是予自身生存的機會，更是為他人謀幸福、開創新格局的創造團隊。

四、墨家團體之團隊意識的啟發

如此以鉅子為中心之墨家團體之團隊意識，筆者以為對當今醫療場域內的團隊意識有以下的啟發。

（一）知行合一、大無畏犧牲之精神

就精神層面來看，墨家團體以「兼愛」為其理念，以鉅子為中心的領導模式，獨以墨子言論為宗，在具體實踐上處處展現中國思想所強調的「知行合一」（甚而可說「知行是一」）之精神。鉅子以身作則，結合團體力量，為追求理想與目標、真理與正義表現出大無畏犧牲之精神，成就顯然之現實效果。（吳進安，2003：239-240）那麼，當今醫療的專業精神是什麼？提及醫療典範，在臺灣，有不少人會聯想到尊稱「非洲之父」

---

[8] 墨家團體內，乃百工各諳其職、各行其能之團隊的分工合作，而為了促進團隊的凝聚、合作的無間，分工的百工即被要求除了熟習己之技能外，必須巡迴其他各部門的學習，重點在百工對彼此技能的熟知。這可以予當代的我們「跨領域學習」一很好的範例，下文即將論及。

的德國籍醫師史懷哲（Albert Schweitzer，1875-1965），也有人說是臺灣的蔣渭水醫師（1890-1931），無論是史懷哲或蔣渭水所展現的，就筆者的觀點，皆爲胸懷普世的兼愛義行，其具體作爲就是因兼愛而表現出的知行合一、大無畏犧牲之精神。只可惜目前僅止於個性化的個人崇拜，並未將之內涵的兼愛之理念提煉出來，成爲整體醫療團隊之中心理念，凝聚醫療團隊之整體意識。

另一方面，每每提及諸如「犧牲」、「奉獻」等等的言詞，一般人總將之視爲一種額外的、勉強的、難以達到的（說好聽一點是「偉大的」）要求，那是因爲一般人將之想得太高遠，而且犧牲、奉獻，不是、也不應該是一種「要求」！實際上，它們是對一份「承諾」的投入與關注，而「專業」就是一份承諾，承諾意謂「對一種使命的獻身」，此言「獻身」並非意味著什麼「海枯石爛」、「死而後已」等等高大理想的犧牲奉獻，卻是對一種使命的投入、專注與關心。而「使命」（calling）是一種召喚，而且是一種具神聖性的召喚，對此等召喚的回應，應該是認眞、誠懇且無可侵犯地投注於其中。因此，從事一門專業，即是回應一門專業之召喚，而投入於其中、專注於其事業、關心其發展，必要時爲其犧牲奉獻一己之心力。任何人對專業的怠惰、不忠誠，即是侵犯了其所回應的神聖召喚。尤其就醫療專業來說，直接關照到人之生命的復甦（拯救生命）與體驗（減輕痛苦），現在更是強調「預防」（防患未然），醫療專業人背負了成就人之生命健全的神聖使命，故而，醫事專業要求從業人員拿出奉獻精神，視之爲無上要求。

（二）「做中學、學中做」之跨領域學習

1.迷惑

近年，「做中學、學中做」、「跨領域學習」（interdisciplinary learning）已然成為臺灣教育界的口號，但是其實質又是如何？為醫療專業來說，學院內的學習有一般課程、見習、實習，一般課程中有某些附有實驗；進入醫療相關院所，每年又有規定的教育訓練課程。如此，哪些算是「做中學」？又，哪些是「學中做」呢？其實，一般不難理解，「做中學、學中做」是分不開的，實際上就是「知行合一」的學習。只是，「做中學、學中做」其間的交互性，以及由學院內的學習而至現實場域內再學習的延續性，仍然曖昧不明！筆者以為，這有相關兩方面的迷惑。

其一，簡單來說，無論是在學院或現實場域內，「做」才是最終目的，「學」就是為了能「做」，在這個前提下，「學」與「做」並重。雖說如此，基本上在學院內仍以「學」為重，可是如今在學院內將「學」視為認知上之知識性的傳授與接收，「做」是一種附屬，如實驗是一種驗證，見習、實習成為一種練習，如此，顯然如前文所提之謬誤，未視學院為醫療場域，而將學院與現實醫療院所區分了開來。

其二，進入現實大、小醫療院所的醫療專業人，定期有開設教育訓練的課程，每年有相關規定的學分數必須滿足。然而，據筆者自身多年的觀察，大多其心態上並非「學習」，而是做功課、上班時間的抽空休息、甚至僅僅來簽到和簽退的應付一下等等。筆者無意對此等行為作好壞或對錯之評論，僅由「學習」的角度去檢視，筆者以為就是因為缺乏「問題意識」，而問題意識的陶養，必須從踏入醫療場域的第一步（也就是，進入學院的第一天）即開始。這也就是筆者於前文所提及，學院之為醫療場域更深一層的意義之所在。

那麼，如何方得為「做中學、學中做」呢？此即牽涉及「跨領域學習」，而「跨領域學習」又當如何說呢？於此，筆者要再次重申，當今醫療乃團隊性之運作，無論是「做中學、學中做」或「跨領域學習」皆著眼於團隊的共同學習，個人乃基於在團隊中的位置，也就是個人在關係情境內的掌握與學習。如此，不難理解墨家團體的團隊學習模式實值得當今醫療團隊深思及效法。

2.實務（實踐）至上與專業（知識）掛帥

前文已提及，墨家團體的主要成員是來自民間的工人階層，進入墨家團體時已具備某種專門技術，在團體內依於其各自之技能分擔工作，除了維續其技能的熟稔外，並授予相關知識，使其得以不斷精進其技能。就今之觀點，知識的授予使得當時僅有專門技術的工匠，成了具備一門專業知能的專業人。而就當今由學院延伸至職場的學習，墨家團體內的學習有類於如今職場中的教育訓練，於實務上的充實與加強。所不同的是：

其一，墨家團體的成員是由無知（無知識）卻擁有技術，而至有知以精進技術，如今所謂的正規教育卻是由知識的傳授開始，經由某種程度的見習、實習，再進入職場磨練並進行再教育。

其二，墨家團體成員已在現實情境內經過相當的歷練、摸索，再接受知識的授予，如此對知識的吸收是為了精進其技能，使其能在具體行動上做得更好、更有效益，關於具體實務上的創發，即交由從事知識性事業的老練且富經驗的成員（吳進安，2003：234）。而當今所謂正規教育卻是由某種系統知識（今之所謂「科學」）的認知開始，對毫無歷練懵懂稚嫩學子之傳授，注重知識的邏輯連貫、驗證及統整，見習、實習以及進入職場的歷練、再教育，往往著眼於知識的補充與更新。

由以上所論，不難明白，墨家團體和當今所謂正規教育因為著重的

不同，而有不同的路徑。墨家團體的學習可謂「實務（實踐）至上」之進路，所謂正規教育是爲「專業（知識）掛帥」之途徑。筆者於此並無評判孰優孰劣、孰好孰壞、孰對孰錯之意，只是因應時代之需求而有其各自之途徑、進路或模式，而其間亦有相通處。就以今之以自然科學爲典範之所謂「科學」來說，自西方科學系統的傳入，引起近代學者更深入研究《墨經》，尤其是涉及當今自然科技（natural science and technology）思想（知識）的條目（共四十七條）。《墨經》（共分「經上、經下」及「經說上、經說下」等四篇）可說是中國古代一部微型的百科全書，相關當今自然科技思想（知識）是散論於各條目中，並非如同今之知識論體系的系統論述。可是，經由近代學者的研究，應用當代自然科學知識系統的整理，《墨經》中的自然科技思想（知識）完全符合當今的知識系統，而且相當精深、先進。（孫中原、吳進安、李賢中，2012：192-196）

3.實務至上與跨領域學習

　　從另一個角度思索，前文言及筆者雖無意對實務至上與專業掛帥進行孰優孰劣、孰好孰壞、孰對孰錯之評判，但因應時代以及所在場域之不同需求，仍應有孰先孰後之評斷。筆者以爲，醫療一直被視爲重要的「助人事業」，而且醫療的作爲，無論是研究或行醫都必然朝向「通過預防與治療疾病來促進人類之健康（生命品質）」，此內在目的、同時也是外在目的而進行。這個意思也就是說，對比於一般所言（自然）科學而言，一般所言科學可能爲科學而科學，科學的成果只爲展現人類智慧的結晶，但是，醫學卻不可能爲醫學而醫學，爲醫學而醫學的結果，醫學也就成了一般科學。（蕭宏恩，2004：143）如此，醫療無疑應是以實務至上爲優先之場域，然而專業掛帥並不爲過，亦非首要與其次的分判，卻是醫療專業知識之獲取必須指向實務之遂行（實務導向）。既爲實務導向，就

以墨家自然科技思想與當今知識系統相符應之情況來看，顯然知識的獲取不見得需要一種系統式的傳授，簡單而言，即在於「專技」與「專業」的分別。在墨家團體內，前文已有言及，尊稱工人或技術的指導者為聖王、賢者等，最高指導者及領袖稱為「鉅子」，而這些指導者不但指導工人的技術，而且授予所需及必備之知識，唯有相當歷練、資深的成員才從事知識性的事業。（吳進安，2003：234）由以上所論，不難理解實務至上以專技為先，要有相當的技術及歷練才走向專業。我們也可以說，實務至上的墨家團體必備專技，為求更高的創發，則需要有相當程度之專技及其歷練之成員對專業的投入。這也說明專技需要經驗的累積，「歷練」即是經驗累積中的學習、精進而非僅僅累積經驗。因此，筆者以為以實務至上之「醫療專業」，意謂著對經驗的整理、歷練的傳遞與延續，其主要目的即是為促進醫療專技的開展。近年以來常言之醫療的「去專業化」（de-professionalization），由墨家團體（墨學）之運作這一思路來理解，即不難掌握其真義。

然而，更重要的是，要成為一個團隊，除了尊崇同一理念外，必須彼此了解，因此，在墨家團體內，百工各按其技能分擔工作，並在其工作崗位不斷學習、接受指導、力求精進，更被要求循環各部門並熟習之（吳進安，2003：234）。如此，筆者以為，今之所言「跨領域學習」即可由墨家團體內百工各諳其位且循環各部門，並熟習之來理解及思索其具體可行之道。言及「跨領域學習」，最令人感到疑惑的莫過於：難道一個人有可能具備兩門或兩門以上的專業嗎？先秦墨家所處戰國時代自無法與今之時代相比擬，當今專業掛帥之時代，專業走向專、精而愈是細分，較之兩千多年前的工匠技藝自不可同日而語，怎可能「循環各部門並熟習之」呢？即使在兩千多年前墨家團體中的百工也不可能一人具備多項工匠技藝吧？實際上，這是對所謂「跨領域學習」的誤解及迷思。前文提及，專業掛帥

的結果，今之專業愈是專精、愈是細分，專業人容易謹守自身專業範疇而難以跨越已走入他者（the Others）⁹專業，相似地，非此專業中人亦難以逾越而跨入其他專業內。「跨」領域正是跨越自身專業領域，將自身展露於他者專業之前，明白自身的限度，同時邀請對方跨出專業的門檻，走入己身專業的界域，進而推倒專業的籓籬，彌平專業的鴻溝。跨領域並未失去專業的主體性，個人不可能被取代，也不可能取代他者。筆者舉一個類比的實例來說明，吾師輔仁大學宗教學系現已退休教授武金正博士，至少擁有哲學、神學、社會學三個博士學位，有朝筆者開玩笑式地對吾師說：「您不就具備三門專業囉！」吾師回應：「不是！我只有一門專業，就是『哲學』，其他都是以哲學的視角去融入。」不難理解，跨領域正是專業的融合，「專業化」就在跨領域的學習中逐漸消融，團隊也就在去專業化的彼此熟習中而凝聚。當然，我們也都明白醫療場域內的跨領域學習並不限於某一階段的教育（訓練），卻是醫療專業人終其一生的彼此熟習。

五、由個人自主而至團體意識的團隊凝聚

這裡有個問題，如果依前文所言，跨領域是專業的融合，是跨越自身專業領域，將自身展露於他者專業之前，同時邀請對方走入己身專業的界域。那麼，誰會首先跨出這第一步呢？由誰率先跨出最為恰當呢？又如何可能呢？這必須歸結於理念層面的「兼愛」。「兼愛」是「視人若己，愛人如己」的普世之愛，其重點在於，「兼愛」必須是彼此間「相互」的對待，而且是落實於「兼相愛，交相利」之具體行動的實現，所謂「投我

9　「他者」（the Others）所表達的，正是以他人、自然或超越界為中心的思維方式。

以桃，報之以李」正是兼愛之「互動性」的具體寫照。然而，能有所互動之前，必要有一方有所意識而願意先跨出這第一步，而只有兼愛之人有此胸懷，肯定兼愛的意義與價值而有此意願主動去「先愛」了他人，也只有這種兼愛的「主動性」才使得「興天下之利」成為可能。（孫中原等，2012：382）

（一）兼愛使得個人自主意識提升

提及墨家，與其說是墨家，毋寧說是墨家團體，但是，卻不能因此而將墨家朝向集體主義（collectivism）構想，因為集體主義正是忽視個人價值，將個人之獨立性與尊嚴一筆勾消，將個體消融於團體之中。如此，團體中的個人彼此之間以及對團體，都不可能產生關心而凝聚成強有力的團隊。墨子之所以提出「兼愛」，正是因為察覺天下紛亂的根本原由就在於人與人之間不能彼此相愛，不能相愛的原因即在於「差別彼此」；墨子「兼」愛，正是「兼以易別」（墨子·兼愛下）。前文已言，「兼愛」在於「視人若己，愛人如己」，且落實於「兼相愛，交相利」之具體行動的實現，既是如此必要由「己」，之個人開始。〈墨子·貴義〉篇的一則記載，為此作了很好的詮釋。

子墨子自魯即齊，過故人，謂子墨子曰：「今天下莫為義，子獨自苦而為義，子不若已。」子墨子曰：「今有人於此，有子十人，一人耕而九人處，則耕者不可以不益急矣。何故？則食者眾而耕者寡也，今天下莫為義，則子如勸我者也，何故止我？」

由之，不難明白，唯兼愛之人方能苦而為義，「義」是就公眾之福祉、世人之幸福而該行之為。兼愛之人由行動（兼愛行）來改變現狀，不

趨附於世人眼光之下，不難見得，其兼愛之信念促使個人（獨立）自主意識的提升。

（二）團體意識在獨立自主之個人的深處發展而凝聚成團隊力量

眞正的團體是在群體中由個體的整合，個體的整合需獨立自主之個人的深處發展以凝聚團體意識，形成一股團隊力量，墨家團體即爲一典範。墨家團體在「兼愛」之理念的觀照下，團體成員之間相互學習、彼此付出，凝聚成一股足以撥亂反正的力量。不僅努力於團體處亂世之安康，更奮力於天下人之福祉與幸福，因爲由自我（個體或團體）面而言，自我是天下的一份子，天下安定和諧才可能有安和樂利的自我；由天下（眾人或世界）面來看，天下是由身處其中的每一自我所構成，需要獨立「自主爲義」的自我方得以成就安定和諧之天下。「有子十人，一人耕而九人處」，「子不若已」正是眾人處世之道，以致天下紛亂。墨子「則耕者不可以不益急矣」一語，道出個人之於團體、團體之爲天下的一份子所應有之作爲。人們往往將之視爲一種犧牲、奉獻，即便如此，亦爲理所當然，因爲個人整合於眞正的團體時，即使需要作某種程度的犧牲、奉獻，個人也不會因此喪失其自身的個體性，而是使個體更爲豐富，獲致其應有的更高發展。以墨家來說，所謂「犧牲、奉獻」並不在其意識之內，而是如同墨子所言「今天下莫爲義，則子如勸我者也，何故止我？」人本應該爲義，今天下人都不爲義而我獨爲義，作爲好友的你應該提醒我該當更努力爲義，怎反而阻止我爲義呢！墨子此言看似爲對其好友的責備，實際上至少有兩重意義：其一，感嘆世人皆不爲義，憐惜墨子獨自苦而爲義，墨子好友如此感嘆與憐惜背後所在的意義卻是對「爲義」之重要的肯定，只是感受到個人力量單薄，天下之大，何能爲力！其二，墨子洞察於此，直言「今天下莫爲義，則子如勸我者也，何故止我？」一語則是一份邀約，

邀請好友一起為義，激起好友的團隊意識。墨家講「兼愛」，首先肯定了每一個人天性內存「愛的能力」，相信每一個人都是或可能是「兼愛之人」，也都明白「為義」乃人當然之行，只是在孤單之個人卻難以為之。因此，墨者主動先行苦而為義，結合眾人一起為義，凝聚成有力之為義團隊。墨家就是如此由個人而至團隊為義之團體，團體內的教育（由學習而至終身學習）即由「為義」為起始，且終至「為義」以達「自主為義」。[10]

六、結語：建構墨家兼愛之醫療場域

此言「建構」，並非僅止於制度、體制或架構上之構作，更重要的在於醫療場域整體凝聚之構成。筆者亦無意認為臺灣的醫療場域已臨界整體改善之境地，縱使如同前文所提近年醫療糾紛、醫院暴力滋擾事件層出不窮、有增無減，以及如「邱小妹醫療人球事件」絕非單一個案等等，亦不致於使得整體醫療場域敗壞到需要翻轉[11]的地步，但是，無可置疑地，這些有損醫療誠信事件的不斷發生，已直接影響醫病之間的信任以及醫療專業人之間的合作關係[12]，此已非孰對孰錯、孰好孰壞之問題，亦非臺灣的醫療場域已呈現崩塌之情景，但，一方面，消極地說，不能等到毀壞到無可收拾之情況才有所警覺，恐怕已緩不濟急；另一方面，積極而言，好還要更好、善以臻於至善才是進展之道。

---

[10] 筆者（2017.05）。〈墨子的教育思想與當代文教事業〉，「2017海峽兩岸文教事業經營學術研討會」，臺中：中臺科技大學文教事業經營研究所。

[11] 借用如今尚流行的話語「翻轉」一詞。

[12] 筆者（2017.04）。〈誠信與現代醫療〉，「現代視域中的東亞文化學術研討會」，雲林：國立雲林科技大學漢學應用研究所。

（一）醫療場域之確立

醫療場域是由學院而至現實大、小醫療院所之時空展延、永續學習（學習自主而至終身自主學習、爲義以致自主爲義）之整體，學子進入學院習醫的第一天，就是踏入醫療場域的第一步成爲「準」醫療專業人，因爲任何初始（學習）所養成的習慣[13]皆對爾後專業實務影響深遠。

（二）「兼愛」理念之奠定

「兼愛」乃「視人如己，愛人若己」，唯兼愛而能在學習上專注、細心，在醫療實務中無所分別、致力投入、精心照護，更能體會「視病猶親」的關係對待，以及在醫療現場的實務展現。

（三）問題意識之養成

醫療直接關係到人生命（生活）品質的維續與提升，只是，醫療場域內如醫療糾紛、醫院暴力滋擾等情事、甚而如「邱小妹醫療人球事件」等等，凡此種種問題的孳生，嚴重影響整體的醫療品質，卻非醫療知識（醫學科學）所能爲力！

如果能在問題或事件發生前即而有所覺知，預防問題的產生，即使不幸發生出來，亦可迎刃而解；此即須要有敏銳的「問題意識」。

（四）實務至上之跨領域團隊運作

醫療場域關係到人之身體（生理）、心理、靈性交互關聯三面向之「疾病診治，緩解病痛，預防疾病，促進健康」，因此，醫療需要團隊的

13　此言「習慣」，不僅在於行爲、動作上的，更是思維、認知（知識）上的。

運作，而且是實務至上之跨領域交疊的團隊凝聚，方得以達致充分的協調與合作。雖說墨家團體成員之間彼此學習之跨領域團隊協作是為當今醫療團隊之典範，但是墨家團體處於亂世，以「兼愛」為理念之團隊的凝聚上，多少會因生命交關之外在迫力的驅使而有某種程度被動性因素存在，而且團體成員大多沒有受過正規（專業）教育，與今之偏重（科學）知識、個體性之「專業掛帥」形成對比。因此，如今需要的正是「為義」而「自主為義」之跨領域終身學習，由獨立自主之個人「去專業化」往深處發展，凝聚團體意識而形成一「視病猶親」的醫療團隊。

參考文獻

一、專書

孫中原、吳進安、李賢中（2012）。《墨翟與《墨子》》。臺北：五南圖書公司。

吳進安（2003）。《墨家哲學》。臺北：五南圖書公司。

蕭宏恩（2004）。《醫事倫理新論》。臺北：五南圖書公司。

二、古籍

李漁叔註譯（2002）。《墨子今註今譯》。臺北：臺灣商務印書館。

The Construction of Mohism in Medical Fields

Abstract

The medical fields consist not only in large and small medical institutions or the medical treatment, but should be from learning at school to autonomy lifelong learning at medical institutions. It is because the learning at school good or bad will affect thereafter practicing medicine and lifelong learning seriously. Nowadays, whatever practicing medicine or learning are a holistic act, then, the construction of medical fields also must be a holistic act of group today. Thus, Mohism is exactly the best foundation of the construction of medical fields. There are three reasons, first, the group of Mohists was continuity operation by teams whatever in learning or act. Second, the cohesion of Mohists' group was by means of the idea of Love-Without-Distinction by which is the theory of beginning and end of Mohism. Third, the education of Mohists was from the outset of *doing righteousness* to the lifelong learning of *doing righteousness autonomy and doing righteousness* actually is practicing Love-Without-Distinction making the well-being and happiness of all people. From the above of three reasons, Mohism can factually be the foundation of planning the construction of medical fields at present.

Keywords: Mohism, Love-Without-Distinction, doing righteousness, medical students, Mohists' group, medical fields.

適欲、貴生、用眾：論《呂氏春秋》「欲」與養生、治國

蘇婺雰

臺灣大學哲學研究所博士生

摘要

　　《呂氏春秋》談「欲」的脈絡是奠基於對治道的關注，並把統治者視爲重要讀者的編纂意圖。對統治者來說，如何理解欲、如何用欲，將成爲統治者個人養生與管理天下的關注所在。在「欲」與養生的關係推演上，《呂氏春秋》認爲欲的根源來自天，以論證人有欲的合理性。另一方面，人須養天之所生。因此，適欲成爲利於養生的方式。同時，適欲的本身即展現欲的規範性，害於養生則止。在「欲」與治國的推演上，涉及人我互動的倫理情境，統治者自身的欲求會轉向如何得人、如何用人的關注。《呂氏春秋》主張有二：第一，統治者宜洞悉人臣所欲，進而足其所欲以達用人之效；第二，統治者宜善用臣民趨利避害的心理定賞罰標準，維繫國家穩定。

關鍵字：《呂氏春秋》、欲、養生、治國、任才

前　言

筆者對於《呂氏春秋》的第一個前理解，是在務於治的思想前提之下兼探先秦時期各家相關論述以成書。而筆者關注《呂氏春秋》「欲」的觀念，首先在於文本中存在著廣泛的用例，代表《呂氏春秋》對「欲」有一定程度的關注。對於欲的探討，主要從兩個方面呈現：第一是出於想要得到某種東西、達到某種目的的要求，即所謂「欲望」；第二則出於欲望的產生來自於有所不足的匱乏感，進而產生貪欲，即所謂「私欲」。因此，在討論《呂氏春秋》之前，可先梳理一下先秦諸子如何談欲。

孔子、墨子較少從物質私欲的層面論「欲」，《論語》主要從意願來談，例如〈雍也〉「己欲立而立人，己欲達而達人」、〈公冶長〉「我不欲人之加諸我也，吾亦欲無加諸人」、〈述而〉：「仁遠乎哉？我欲仁，斯仁至矣。」在追求公心的前提下，關注人我之間如何互動，欲在這裡包含了個人的意志與推己及人的思考。《墨子》則由天志談欲，〈法儀〉：「天必欲人之相愛相利，而不欲人之相惡相賊也。」從治亂問題著眼談兼愛有利，墨子認為天下會亂是因為不相愛，若要平亂就要相愛，由於天作為法儀有行廣而無私的特質，將實行兼相愛、交相利之合理性根據上推於天，以天的意志、意欲作為人行為規範的準則。

關於止欲、制欲的論述，在《老子》、《莊子》、《孟子》都有所涉及。例如《老子》提出追逐感官嗜欲可能引發的不良影響，〈十二章〉：「五色令人目盲；五音令人耳聾；五味令人口爽；馳騁田獵，令人心發狂」。分別就眼、耳、口、心四種感官上的損傷提出反思：以「盲」、「聾」、「爽」、「狂」的狀態說明此是眼、耳、口、心削弱作用的原因，若不思考而放任感官追求視覺、聽覺、味覺與心欲，反而對於眼、耳、口、心本身的作用面會產生不利的效果，甚至進一步反省與其不斷制

定儀文禮節，不如取消所有人為的、刻意的教條規範。因此《老子》提倡「見素抱樸，少私寡欲」，主張無為無欲，返璞歸真。《莊子・養生主》亦提出「吾生也有涯，而知也无涯。以有涯隨无涯，殆已」，「知」除了認知活動的指涉外，亦提點了人想要就有限的生追尋無盡的欲望，其結果會是危殆不安的。因此希望得到長生、盡年，就必須意識到，唯有停止無止盡欲望的追求，方得身生之寧。《孟子》則從心性修養的層面提出「養心莫善於寡欲」。〈盡心下〉：「其為人也寡欲，雖有不存焉者，寡矣；其為人也多欲，雖有存焉者，寡矣。」直指順著感覺欲望外馳的結果，便是無法存養善心善性，亦無從將人之所以為人的意義朗現出來。由此，可以看出上述論述對「欲」抱持消極的想法，是從欲之無窮有害於生的結果推論而出，進而提出修養的工夫，以達到寡欲的境界。

當然，欲在上述的思想家之中並非全然對於欲採取負面的態度，例如〈盡心下〉提出「可欲之謂善」的說法，可見「欲」本身不一定就具有善或惡的絕對性，只有由欲望而發出的行為才能具有判定善惡的標準。

至於荀子，則論述了「欲」之自然性，〈榮辱〉言：「凡人有所一同：飢而欲食，寒而欲煖，勞而欲息，好利而惡害，是人之所生而有也，是無待而然者也，是禹桀之所同也。」這是從生理的本性以及精神層面的趨利避害談起，欲乃人性之自然，無分聖賢愚不肖。只是，荀子更關注的是「人生而有欲，欲而不得，則不能無求。求而無度量分界，則不能不爭；爭則亂，亂則窮」若人人都順著本性追求欲望，必定會引發爭奪而致社會紛擾動盪的結果。職是之故，荀子重視「禮」，企圖透過理性的力量劃分人與人之間的分際，進而阻止因欲望無限延伸而致動亂的可能。〈儒效〉續言：「從人之欲，則埶不能容，物不能贍也。故先王案為之制禮義以分之，使有貴賤之等，長幼之差，知愚能不能之分，皆使人載其事，而各得其宜。」以「禮」別貴賤、長幼、智愚、能與不能，使人人各有所

事，並依照其位置功績給予相稱的所得，試圖透過理性的規範讓社會正常運作，這是建立在對「欲」的認識後提出管理、安頓之法。

就上述的文獻進行梳理可以看出，「欲」除了在《荀子》中有著相對客觀而廣泛的討論外，在《論語》、《墨子》甚少從物質私欲的層面談；而《老子》、《莊子》、《孟子》則從反省面談「欲」，並建議克欲、寡欲。思想史的方法反映了上述文本作者在社會、文化脈絡下對於處境的回應，但若進入《呂氏春秋》這類兼採各家思想論述以成書的著作，則須搭配觀念史的方法進行。觀念史的主要工作是對文本中單位概念作出邏輯上關聯的研究，而非僅憑單一文本分析去做整個歷史條件的解讀。不過，為了避免選擇觀念時會容易出於研究者想像與歷史概括，進而導致獨斷的可能。因此，思想史結合社會、文化脈絡下的觀照仍有其輔助的必要性。是以，本文雖以觀念史的方法研究《呂氏春秋》「欲」的概念，但在《呂氏春秋》對於治道上的關注，以及將統治者視作重要讀者的編纂意圖上，仍倚賴思想史的研究方式作為輔助。

接著，本文會藉由檢閱《呂氏春秋》中「欲」的概念，特別是以論及養生和治國相關的篇章中，並透過「文意內在原則」之詮釋方式（沈清松，2005：69-70），分析建構對於「欲」的理解層次。這個方法中包含檢索、分類、分析與論證等步驟。

一、《呂氏春秋》對於「欲」的理解

（一）「欲」為必然的存在

欲在《呂氏春秋》涉及討論的篇章有三十二篇，其中〈貴生〉、〈情欲〉、〈適音〉等篇章有較集中的刻畫，大致可以分為感官和認知層面的

欲。就感官之欲而言，〈情欲〉言：「耳之欲五聲，目之欲五色，口之欲五味，情也。此三者，貴賤愚智賢不肖欲之若一，雖神農、黃帝其與桀、紂同。」以情解釋「欲」，可以看到《呂氏春秋》與《荀子》有近似之處，看待「欲」之於人的自然與必然。而認知層面則指向心理上渴求趨利避害的事實，〈適音〉：「人之情，欲壽而惡夭，欲安而惡危，欲榮而惡辱，欲逸而惡勞。」、〈論威〉言：「人情欲生而惡死，欲榮而惡辱。」提出壽命、安穩、榮耀等等，這些渴求同樣是從自然之性談人的趨向性。《呂氏春秋》論「欲」是由個體性出發，人生而自然的感官欲望，在維持生存之外，也會在認知上渴求美好的事物。小則耳目口鼻之欲，大則求富貴、求長壽等讓自己過得更好的欲念。

（二）「欲」的根源來自於天

上述《呂氏春秋》主要是從「欲」的合理性理解，若進一步探問這種理解背後的依據是什麼？〈大樂〉中，或可見其軌跡：

> 天使人有欲，人弗得不求。天使人有惡，人弗得不辟。欲與惡所受於天也，人不得興焉，不可變，不可易。

將欲望與厭惡之情歸於上天所賦予，人無法規避改變這樣的事實。這樣的思想可能是由告子「生之謂性」而來，這也同見於《荀子・性惡》「凡性者，天之就也，不可學，不可事。」「欲」將是人生而即有的本性，是就自然之性的層面來理解。聖、凡、智、愚無不同，這是就自然本性而非道德性立論。可以歸結《呂氏春秋》與《荀子》論述相似處在於從生理的本性以及精神層面的趨利避害談「欲」的普遍性；但不同於《荀子》企圖以禮規範欲的合理性，《呂氏春秋》則用「天」解釋人有欲的原因。此處可

以進一步思考此處天的意涵爲何？「天使人有欲」的說法乍看之下是將天視爲有意志的實體，實則不然。《呂氏春秋》此處所談的「天」有些不可知論的意味，只是說明欲之所出，莫得其根的概念，這就像類似於接觸外物時，人產生的情緒好惡一般，難以完全訴諸理性、因果分析即可知曉。卻是一種自然之性的產物，此處的天只能做爲欲不知從何而出，但人的確有種種欲望的現象，最多只能保證人之有欲，卻無法保證人之欲都是合理的。

因此，可以進一步探問的是，在這樣的認知基礎上，《呂氏春秋》面對「欲」的態度是什麼？人有沒有能力透過後天修養、實踐發展出面對「欲」較理想的應對姿態呢？事實上，一旦落入治道的層面，勢必不可能放縱自然之性的發展，而需要關注如何建立人事的規範性。《呂氏春秋》認爲，推行治道的關鍵則在於養神修德以順性命之情。如〈知度〉言：「治道之要，存乎知性命」，說明了治國的基礎須以安頓自身的情性基礎作爲依據，此即〈審分〉所言：「夫治身與治國一理之術也」。是以，欲的合理性在個人與統治者的身分差異下會開展出不同的考量。以下，筆者就治身（養生）與治國（用眾）兩個面向延伸論述《呂氏春秋》對於「欲」的理解後的應對姿態。

二、從養生的面向論「欲」

（一）「欲」之整體性：貴生以法天

《呂氏春秋・貴生》言：「聖人深慮天下，莫貴於生。」生命之所以需要養護，不論在身體或精神上，首先必預設著對生命本身的重視。至於養生之本爲何？就《呂氏春秋》所呈現出的理論而言，養生並非單純只是

一個目的，而是一種聯繫與天、人、性情、外物的系統思考。首先，「始生之者天也，養成之者人也，能養天之所生而勿攖之，謂之天子」。天跟人的功能分別在於創生與養護，是以，養護的工夫做得理想，即是不違天的表現。此處的修養「勿攖之」，即是勿過度干擾、損傷的養生之道。值得注意的是，「始生之者天也」與「欲與惡所受於天也」的天是否在同一脈絡下？「始生之者天也」是從創生的功能來談；「欲與惡所受於天也」也只是歸結出欲惡的來源，但這兩句之中的「天」本身都不具規範性，貴生以法天的主語是人，說明「人」才是給出規範的根源。因此，《呂氏春秋》面對「欲」的態度不會是以壓抑、消除的方式看待之，其進路並非是天把規範帶給人，而是人在思索「欲」、「養生」與「天」的關係為何，進而發展出欲的規範。

　　至於養生與天的關係，徐復觀點出〈本生〉談養個人之生、〈貴生〉談「立官者以全生也」佔有很重要的分量，除了道家思想在戰國末期往養生方面發展外，還包含兩個原因：一是《呂氏春秋》說的養生主要指的是人君，而養生的內容以節欲為主；人君能節欲，即可少取於人民讓人民自養其生。第二，《呂氏春秋》認為養生可以「全其天」，能全其天，則一人之身，即是一個小天地，可以與天地相通（1976：34-35）。徐復觀的說法，的確可以體現《呂氏春秋》談論「欲」的論述時，會出現一方面強調適欲，但也談節欲的重要，並非一味縱欲。適欲和節欲之間當為二件事情，原因在於欲望能夠得到滿足的前提，就在於統治者要知道欲望的分寸，在欲望得到滿足，性命才能保全的前提下談適欲；但當欲望不斷增生，除了統治者自身逐欲而行無法全其天以外，欲望增生所引發的行為也會間接對所轄官、民形成逼迫。

（二）「節欲」以達情養生

《呂氏春秋》談及「欲」時，常與性、情連結起來論述，如〈情欲〉提及：

> 天生人而使有貪有欲。欲有情，情有節。聖人修節以止欲，故不過行其情也。故耳之欲五聲，目之欲五色，口之欲五味，情也。此三者，貴賤愚智賢不肖欲之若一，雖神農、黃帝其與桀、紂同。聖人之所以異者，得其情也。由貴生動則得其情矣，不由貴生動則失其情矣。此二者，死生存亡之本也。

前面論及，《呂氏春秋》對欲的理解立基於類似於告子、荀子的自然之性上，而欲又生於情，因此，可以看出《呂氏春秋》看待情與性，是在同一個面向上。[1]那麼，「欲」跟「情」的關係又是如何呢？從「耳之欲五聲」三句看來，情是一種透過五官的運作表達出內心所欲的外在行為，不只感官，也包含心中喜怒好惡等情緒，皆是由內心喜好而衍生的欲，或者內心不喜而衍生的厭惡而形成的。然而，《呂氏春秋》注意到了「情有節」的概念，這說明了在貴生以法天的前提下，欲望儘管是天生使人有之的自然之情，但這種情仍有一定的規範性，不會無止盡放縱欲望，是以，聖人懂得「修節以止欲」，除了後天的修養工夫外，似乎是自覺性的提出「節」也是在情的範疇中，當欲發展到一個限度時即會有所調整的機制。若只停留在「欲」的層次來看，那麼不分貴賤賢不肖大家都有的，但能

---

[1] 徐復觀也指出，呂氏春秋所用的「性」字，實與生命之生同一意義。大概他們因生命由天而來，故亦稱生為性，有時亦可稱之為天。詳見《兩漢思想史》，卷二，頁41。

夠意識到「情有節」並積極發展出「修節以止欲」，這樣的人稱之爲「聖人」，也是《呂氏春秋》希望統治者能夠達到的境界。

至於欲發展到什麼樣的程度便需要「節」呢？判準便在於是否對生命有所損害，〈貴生〉提出：「夫耳目鼻口，生之役也。耳雖欲聲，目雖欲色，鼻雖欲芬香，口雖欲滋味，害於生則止。在四官者不欲，利於生者則弗爲。由此觀之，耳目鼻口，不得擅行，必有所制。」四官終究不能脫離個體生命而獨立活動，因此，儘管四官各有所欲，終究不得專擅而爲。在舉例耳雖欲聲等四句時，有意思的是沒有特別說明「欲」的主體是誰，究竟是四官本身，還是人的意志？僅在最後提出「害於生則止」，足見仍有一個具有判斷意志的主宰可以決定讓四官之「欲」發展到什麼樣的限度。相反的，如果有耳目口鼻不欲刻意爲之者，卻對「生」有利的事物，則不需要刻意禁止。如果順著這樣的脈絡看來，上述提到的「節」的工夫，不只是單向展現在這些「欲」可能害於生的調整，還包含「不欲」卻因利於生而應採取接受的姿態。簡言之，〈貴生〉所談到的「欲」實包含「好」與「惡」的成分，若任憑感官欲望擇取所好、排除所惡者，未必是對生命主體最好的方式，職是之故，滿足欲望必須以對生命有自覺的重視與愛護作爲前提。

類似的說法，在〈本生〉亦可見：「聖人之於聲色滋味也，利於性則取之，害於性則舍之，此全性之道也。世之貴富者，其於聲色滋味也多惑者，日夜求，幸而得之則遁焉。遁焉，性惡得不傷？」在此，「全性之道」也就是「全生之道」是核心該被關注的，「欲」只要在利於生的前提下運作是可以追求的，〈本生〉提示重點即在「以生爲本」，能順應天性即是理想的養生的方式。若依照本節前面所述，「欲」的來源也是天所賦予，順應天性之中亦應包含在某些前提下接受「欲」的開展。只是，當不自覺受聲色滋味之惑而過度追求、流連忘返，便是捨棄養生的主體而讓自

己成為耳目口鼻等感官役使的對象，反而構成了傷生、有害於生的情形。如何透過養生主體的引導，讓耳目口鼻等適當地足欲，引導足欲成為利於養生的一種途徑，而不讓「欲」所引發的行為成為主導，進而使人玩物喪志、逐欲而迷，實是聖人「節」的功夫重點所在。

（三）小結

以上對《呂氏春秋》「欲」在養生思想的關注，除了查閱文獻時觀察到「欲」在《呂氏春秋》用例情形外，也藉由觀念史研究方法中提醒研究者，在解釋文獻時應避免抱著習慣預設研究材料的連貫性，並試圖化約、系統化。這樣會容易自動忽略文本中的不一致與矛盾性，進而破壞文本上的矛盾與豐富性（任軍鋒，2006：112-113）。因此，本文一開始交代採用沈清松的文意內在原則探析，卻對同為沈清松所提的「融貫一致原則」之詮釋方式[2]持保留態度。儘管高誘釋〈情欲〉「欲有情，情有節」即以「適」釋「節」，但筆者認為適欲與節欲之間很難化約為同一。通過觀念史的方法得到的一個可能是：《呂氏春秋》將適欲到節欲的判準設定在是否害於生的原因，是認為人是由天所生[3]，由此發展出人應對生命有所尊重的養生，而人的欲望亦來自天所賦予，因此尊重欲的合理性可以作為養生的一個面向，也因此有著如徐復觀前述的養生以全其天的說法，即藉由養生而有了與天地相通的可能。

---

[2] 「融貫一致原則」為：基於讀者主觀的善意，與文本客觀上的價值，一個哲學家著作之所以值得讀，一定是有其內在一貫的想法。所謂融貫一致，在消極上則要能避免自相矛盾或相互對立的歧見；在積極上則文本中所含的觀念與命題，必須能環環相扣，形成一個內在融貫的義理整體。詳參沈清松（2005）。〈從「方法」到「路」一項退結與中國哲學的方法論問題〉，《哲學與文化》第32卷第9期，2005年9月，頁69-70。

[3] 《呂氏春秋・知分》有「凡人物者陰陽之化也，陰陽者造天而成者也。」，肯定人為天所生。

三、從「治國」的面向論「欲」

（一）欲的規範性：統治者自身的要求

　　「欲」的關注由君王自身推到治國，上述貴生以法天地、節欲以養生的論點如何用於治理國家？思及《呂氏春秋》撰作者所預設的讀者為統治者的身分，〈本生〉「能養天之所生而勿攖之」一句的解讀應有著對象性的推擴，除了統治者自身的養生之外，還要關心天下百姓生存的問題。天子對於人民來說，是「天」在人間秩序的代表形象，如果說，「勿攖之」是不過度干擾、損傷，統治者應由己身實踐起，那要如何用運用這層理解帶到人民身上呢？另外，「勿攖」的標準對於「欲」有什麼樣的規範性？筆者試從統治者自身的要求談「欲」的規範性。〈論人〉闡明為政之道「太上反諸己，其次求諸人」，若希望國家運作順利，只靠自己固然不足，然而用人之前，必須要對自身有充分的則求。關於反求諸己的內涵，〈論人〉續言：「何謂反諸己也？適耳目，節嗜欲，釋智謀，去巧故，而游意乎無窮之次，事心乎自然之塗，若此則無以害其天矣。」近似道家的論述，仍可看出《呂氏春秋》秉持養生能全其天的前提，面對欲望雖不須一味壓抑，身為統治者要更懂得節制嗜欲，耳目、智謀、巧故都反映了一部分因嗜欲而引發的感官或精神上的營求，就統治者而言，自身的「節」形成對「欲」的規範。〈侈樂〉則從反面論述欲不受規範的狀況：「制乎嗜欲無窮，則必失其天矣。且夫嗜欲無窮，則必有貪鄙悖亂之心，淫佚姦詐之事矣。」當統治者被嗜欲所控制、任憑欲的發展無窮，一方面違背了養生以全其天的意旨；另一方面，也會由此而生貪婪、悖亂之心，透過增稅、征伐的措施造成社會動盪與人民的痛苦。因此，面對治國，統治者必須對自身的「欲」有更明確的了解，「節」的規範性在此不僅是養生，還

有在治國上宜少取於民、勿因自己的欲望造成人民的傷害的意義。

「節」另一層展現在治道上的規範性意義在於無為。〈審應〉：「人主出聲應容，不可不審。凡主有識，言不欲先。人唱我和，人先我隨。」談到與臣民相處之道，宜採取不為天下先的方式，除了自身慎言語之外，有能力分判臣子之善言、考核其實後從善如流，可執治道之要。在這個層面上，已涉及統治者自身的欲求和與臣子相處之道、用人之法，在人我互動的倫理情境中，「欲」已經從欲望、嗜欲轉向一種類似於心理學的動機、需求。（晏海珍、伍鈴，2005：19-22）本文將在下文陸續討論之。

（二）統治者的欲求

上述統治者自身的要求，類似於〈先己〉所言：「欲勝人者必先自勝，欲論人者必先自論，欲知人者必先自知。」同樣的，要治理國家必須要先自知，上一段是從「節」談面對嗜欲的態度，這一段則客觀的分析統治者在治國上的「所欲」。「所欲」會建立在倫理關係的互動上，從純粹治理國家的角度來看，統治者的最高目標即是國家富強、順治。而實現此目標的方式，需依賴百官治理，因此這樣的所欲推至所任命的百官時，欲求的內涵可能會是什麼？《呂氏春秋・勸學》：「忠孝，人君人親之所甚欲也。」、〈士節〉：「士之為人，當理不避其難，臨患忘利，遺生行義，視死如歸。有如此者，國君不得而友，天子不得而臣。大者定天下，其次定一國，必由如此人者也。故人主之欲人立功名者，不可不務求此人也。賢主勞於求人，而佚於治事。」兩段文字大致可歸納出統治者在倫理情境中的欲求：得忠臣、求賢士。在《呂氏春秋》中，〈謹聽〉[4]、

4　〈謹聽〉：「故當今之世，求有道之士，則於四海之內、山谷之中、僻遠幽閒之所，若此則幸於得之矣。得之則何欲而不得？何為而不成？太公釣於滋泉，遭紂之世也，故文王得之而王。」

〈首時〉[5]、〈慎人〉[6]、〈下賢〉[7]、〈貴因〉[8]等篇章皆對此類主題有所論述，足見統治者在治國之中，如何用人、得賢當有其重要性。其中，「欲」所扮演的角色在如何用人、得賢的倫理情境下也會開展出新的核心關注：統治者之所欲與臣子之所欲之間的一致性問題。

（三）用眾：知其所欲以為用

《呂氏春秋》對於任官責實，如何讓百官得以為己效力的層面上，從心理角度分析出如何透過對「欲」的理解管理百官。這層「欲」的理解已不同於前述的自身而已，已包括了該如何了解臣子的欲是什麼，進而透過理解臣下所欲建立如何用人之法，提出了不同於調節情性、修身規範的另一條途徑。對於統治者來說，「用眾」是不可規避的問題，國家需要眾人統治，而且是一定程度上齊心協力的統治。對統治者而言，若欲得才，並非只立基在統治者本身識才、用才之上，還必須顧及被選擇的對象認知與價值的合理性標準。意即人才願意為國效力背後的動機所求為何？需要靠什麼構成並維持人才願意持續為國效力的目標？而「欲」在「用眾」與「務於治」扮演什麼樣角色呢？對此，《呂氏春秋·為欲》直言：「人之

5　〈首時〉：「聖人之於事，似緩而急、似遲而速以待時。……時固不易得。太公望，東夷之士也，欲定一世而無其主，聞文王賢，故釣於渭以觀之。」

6　〈慎人〉：「百里奚之未遇時也，亡虢而虜晉，飯牛於秦，傳鬻以五羊之皮。公孫枝得而說之，獻諸繆公，三日，請屬事焉。繆公曰：「買之五羊之皮而屬事焉，無乃天下笑乎？」公孫枝對曰：「信賢而任之，君之明也；讓賢而下之，臣之忠也；君為明君，臣為忠臣。彼信賢，境內將服，敵國且畏，夫誰暇笑哉？」繆公遂用之。謀無不當，舉必有功，非加賢也。使百里奚雖賢，無得繆公，必此名矣。今焉知世之無百里奚哉？故人主之欲求士者，不可不務博也。」

7　〈下賢〉：「禮士莫高乎節欲，欲節則令行矣，文侯可謂好禮士矣。好禮士故南勝荊於連隄；東勝齊於長城，虜齊侯，獻諸天子，天子賞文侯以上卿。」

8　〈貴因〉：「三代所寶莫如因，因則無敵。禹通三江、五湖，決伊闕，溝迴陸，注之東海，因水之力也。舜一徙成邑，再徙成都，三徙成國，而堯授之禪位，因人之心也。湯、武以千乘制夏、商，因民之欲也。」

欲多者，其可得用亦多；人之欲少者，其得用亦少；無欲者，不可得用也。」此處明白提出「人如無欲，則不可得用」的觀點，國君的適欲是養其生、全其天的表現；而臣子的適欲可以化爲爲國君效力的動力。在「用衆」的議題上，「欲」讓務爲治更爲可能的具體作法，便是國君如能知曉人才所需所欲，並予以滿足，則這樣的君臣關係在治道上可以發揮較大的效果。這背後還有一層預設，就是已經不把臣子效忠國君視爲道德義務，國君不該懷抱著依靠幾個忠臣，不求條件的爲己、爲國的付出，便能使國家順治的期待。從〈必己〉中得到印證：「人主莫不欲其臣之忠，而忠未必信……親莫不欲其子之孝，而孝未必愛。」此處延伸出來的思考點有二：第一，《呂氏春秋》很務實地提出「節欲」可以修己，卻不能用人，亦非單純作爲治天下唯一管道。第二，其思考根據並非首倡，而是反映了自戰國晚期以來，稷下學者等立足於治亂，進而從政治社會安定是否發揮效力的角度提出對道德的批判（佐藤將之，2010：124-127），並提出國家的「治亂」關鍵應該是國君如何分配適當的角色，不讓臣子越權，使每個人都重視自己的職位與工作內容，並能夠確信在自己職位上效力即能實現某種程度的適欲。在「用衆」的議題上，更可以看出適欲和節欲是兩件事情：前者的規範性可以連結君臣之間創造理想互惠的可能；後者的規範性則展現在自我修養上。

　　如果說能夠明瞭所用之人所欲爲何，並善加用之，即可收用人之功效，那還可以進一步探問，如何善加用之呢？由於用人也需思考被用之人所欲的面向爲何，受限於急於收治國之效、君臣能夠互相了解的程度、每位受用的人才所欲不同……等因素，看似不一而足。不過，《呂氏春秋》提供了一種較大的方向替統治者自身建立形象，這是根據「人所欲之」立賞罰標準。〈用民〉言：「用民有紀有綱，壹引其紀，萬目皆起，壹引其綱，萬目皆張。爲民紀綱者何也？欲也惡也。何欲何惡？欲榮利，惡辱

害。辱害所以爲罰充也，榮利所以爲賞實也。賞罰皆有充實，則民無不用矣。」欲生而惡死，欲榮而惡辱，欲富而惡貧，這些欲望是人的一切行爲的內在動力。正因爲這些動力的存在，統治者才能利用賞罰來控制、駕馭百姓，百姓爲了實現自己的欲望也才能甘願受驅使。相較於前述針對動機了解臣子，將「欲」發揮在用人、治人的概念之外，治國的另一層考量則更貼近於現實──明定賞罰以維繫國家穩定。要能使賞罰發揮最大限度的作用，不能單靠道德規範力量而已。從人性喜好榮耀、討厭羞辱的本能出發，用臣民趨利避害的心理訂定賞罰標準，儘管治人治國事多繁瑣，卻能秉持道一而事殊的概念以寡統眾。這是了解人之「欲」後透過刑賞的手段維護統治者希望國家順治的具體方法。標準一旦建立，也有助於讓臣民了解統治者的性格與用人原則。

（四）小結

上述探討《呂氏春秋》對欲的理解到如何用欲的情形，針對治國的層面上，可以看出對「欲」的思考，會由統治者自身拓展到君臣之間的倫理情境思考，進而形成具有規範性的特質。以「適欲」的觀點來看，在統治者自身是要能夠節欲、但在治民與用人的觀點上，則未形成要求人民節欲的「上行下效式」的規範，反而試圖透過了解臣下之欲，進而滿足其欲以作爲臣下願意爲其效命的關鍵。

這樣的論述若以應用的角度來看，會帶來二點反思：首先，《呂氏春秋》的「欲」論將面臨普遍性、合理性的評估檢驗；對於欲的理解，以及欲和養生之間的規範性，是否是有條件式的，亦即僅適用於統治者，而無法成爲一種推己及人的倫理規範？其次，若採效益式的方法談「適欲」對養生和管理人民有利，但是對於每個人的欲而言，「適」的標準不盡相同，其中可能存在著「個人─群體」間的衝突。當欲與利有所衝突時，會

以國家之「利」作爲導向規範個人之「欲」，進而使臣、民「足欲、適欲」的構想終究包裝在統治者利己主義下。也就是說，《呂氏春秋》對「欲」的理解與觀照雖導向養生、全天，但並非僅以養生作爲最終的目的。尤其對欲的重視聯繫到國家強盛的目的時，了解臣下的欲望成了一種工具性的價值，若僅以用人時掌握對方所欲爲何，並以「有功則賞」的遂欲作爲人才爲己效忠的方式，可能會忽略《呂氏春秋》在求賢、用賢環節中，待時、識人亦須出於情感的交流，不一定只透過建立在欲求上的滿足。[9]也就是說，《呂氏春秋》對於「欲」的理解，到「用眾」之間的落實，可能仍存在著無法調和統治者所欲與臣子所欲之間的問題。

四、結論

　　本文從觀念史與思想史的角度對《呂氏春秋》「欲」的分析、論述，呈現的觀點如下：第一，梳理與比較《呂氏春秋》在「欲」的意義理解上，與先秦哲學家一致，皆從感官與精神兩個層面談之，但面對「欲」的態度則不同於《孟子》、《老子》、《莊子》，前文所舉之例將「欲」視爲負向，而發展出「止」、「抑」作爲「克欲」的修養功夫，《呂氏春秋》肯定「欲」之自然與必然，這與《荀子》的論述是較爲接近。但又不同於《荀子》以「禮」劃定分際，用理性規範以禮克欲，《呂氏春秋》更強調適度的「足欲」對養生是有利的，對於「欲」採接受與肯定的態度。

　　第二，就養生的觀點進一步釐析《呂氏春秋》爲何肯採用接受與肯定的態度。由於《呂氏春秋》認爲欲的根源來自於天，而養生之要亦在貴天

9　例如註腳14-18的例子中，皆論述得賢的重要性，除了了解人才的欲求之外，君臣間得用亦不能排除情感上的理解、認同。

之所生，這說明了《呂氏春秋》不以抑制的方式談「欲」，並思考如何將「欲」引導至利於養生的方向。在這個基準上，亦帶出《呂氏春秋》對於「欲」的規範性，在不害生的前提下，提出「適」、「節」而不被欲所役使。

　　第三，由自身推擴到治國，在用人角度上，《呂氏春秋》從效益的角度出發，主張國君應該洞悉臣子所欲是什麼並予以滿足，方能使人才願意為國盡忠效力。透過人之好利惡害來訂定賞罰的標準，這會讓治國的面向在道德規範之外，有更具體的措施讓君王得人，國家運作順利。然而，這樣的論點在實際應用上，會出現無法成為普遍性規範的可能。

參考文獻

一、期刊論文

沈清松（2005）。〈從「方法」到「路」—項退結與中國哲學的方法論問題〉，《哲學與文化》，32，9：61-78。

晏海珍、伍鈴（2005）。〈《呂氏春秋》中的人欲論心理學思想〉，《贛南師范學院學報》，4：19-22。

二、專書論文

昆廷・斯金納撰，任軍鋒譯（2006）。〈觀念史中的意涵與理解〉，丁耘雲（編），《什麼是思想史（《思想史研究》，第1輯）》，95-135。上海：上海人民出版社。

三、專書

佐藤將之（2010）。《中國古代的「忠」論研究》。臺北市：臺大出版中心。

李滌生（1979）。《荀子集釋》。臺北市：臺灣學生書局。

林品石（2011）。《呂氏春秋今註今譯》。臺北市：臺灣商務。

徐復觀（1976）。《兩漢思想史》，卷二。臺北市：臺灣學生書局。

陳鼓應（2013）。《老子今註今譯及評介》。臺北市：臺灣商務。

四、古籍

阮元校勘（2007）。《十三經注疏・孟子正義附校勘記》。臺北市：藝文印書館。郭慶藩編（1993）。《莊子集釋》。臺北市：萬卷樓圖書公司。

The Doctrine of Desire（欲） in the LuShiChunQiu （呂氏春秋）—A discussion on Health preserving and Governing the country.

Abstract

The context of Desire in the LuShiChunQiu is based on the concern of "the way of governance"（治道） and the compilation intention of the ruler as an important reader.

As a ruler, how to comprehend and how to use one's desire will become a main concern. In the Desire and Health preserving deduction, LuShiChunQiu thought the origin of desire came from heaven（天）, in order to prove the rationality of human desire. On the other hand, people have to raise the nature of the birth. Therefore, to satisfy one's desires properly is benefit for health preserving. On the deduction of Desire and Governing the country, involving the ethical situation of human-self interaction, the ruler's own desire will turn to how to appoint talent. Here, LuShiChunQiu expressed two points. First, the ruler should have insight into what people want. And then satisfy what they want so that they can serve the ruler efficiently. Second, in order to maintain the stability of the country, the ruler should formulate the standard of rewards and punishments by making good use of people's psychology of avoiding disadvantages.

Keywords: LuShiChunQiu, Desire, health preserving, Governing the country, Appoint talent.

鄭玄易學爻辰說的應用

王貽琛

山東大學易學與中國古代哲學研究基地博士生

摘要

　　漢末經學家鄭玄，提出了其易學的標誌性學說「爻辰說」。「爻辰說」以乾坤十二爻辰為基礎，本於陰陽二氣之盈虛消長，基於乾天坤地化生萬物、乾坤生六十四卦，以十二地支貫通六十四卦，確立起一種時空合一的宇宙圖式；在此基礎上，六十四卦三百八十四爻所納的十二地支，又對應八卦的宇宙圖式。借助六十四卦所納爻辰與八卦圖式的對應關係，鄭玄又進一步揭示出六十四卦三百八十四爻的八卦卦氣底蘊。一方面，不可否認，鄭玄構建的「爻辰說」在一定程度上，於注釋《周易》時存在牽強比附的情況，此亦間接導致「爻辰說」在後世易學幾近失傳。另一方面，鄭玄基於「爻辰說」構建起了一匯納涵具時空的有機系統，昭示著現實世界中事事物物皆相關聯，休戚與共，共同構成此一有機整體的現實世界，在乾天坤地的發用下，令其得以處於有序和諧之狀態，這一基於「爻辰說」的天人（人與自然）和諧共榮易場，對啟示世人敬畏天地、敬畏自然，或許對當下極待解決的人與自然關係問題具有啟迪意義。

關鍵詞：鄭玄、爻辰、陰陽消息、宇宙圖式

前　言

鄭玄從「爻辰」的角度切入，詮釋《周易》經傳，推出了特色鮮明的鄭氏易學「爻辰說」。

易學發展至東漢，先是直接繼承了西漢時期孟喜、京房和《易緯》的易學，同時牢固確立了《易》的眾經之首、大道之源的地位。後又湧現出了鄭玄、荀爽和虞翻幾位著名易學大家，他們創立了一系列新的詮釋《易》的體例，如鄭玄爻辰說、荀爽升降說、虞翻卦變說。他們突破了孟京易學與《易緯》的詮《易》範式，使象數之學在此階段得到了淋漓盡致的發揮，豐富和發展了象數易的理論，可謂空前絕後。其中鄭玄作爲經學大師，網羅眾家、遍注群經、融合今古文之所長，對兩漢近四百年之經學做梳理總結，不僅延續了學術文化之傳承，也建立起了一門統一的鄭學。

鄭玄之前易學各派對《易》的詮釋紛然雜陳，如今文《易》孟喜言卦氣、京房主納甲、費直傳古文《易》而重筮占。也就是在這種背景條件下，鄭玄融合諸家，對前人成果進行吸收、揚棄、總結，從而構建了鄭氏易學。鄭學閎通博大，鄭氏易學作爲整個鄭學的重要組成部分更是如此。既然鄭玄遍注群經，而《易》又爲眾經之首，那麼鄭玄對於《易》的詮釋必然是傾注了大量心血的，這就使得鄭氏易學擁有了厚重的學術底蘊。鄭玄注《易》，最核心的莫過於其「爻辰說」。鄭玄將「爻辰說」作爲一種新的解《易》的體例，引入應用於注解《易》，以揭示卦象與卦辭之間，爻象與爻辭之間的聯繫，這是獨具特色的，更是其他象數易所無法取代的。爻辰說將古代天文、曆法以及音律等諸多內容納入卦爻之中，使象數理論體系之構建變得更加豐富，可以說是爲以象解辭開闢了一片新天地。

鄭玄以「爻辰說」解《易》固然豐富了象數理論，推動了象數易的發展，但在解《易》過程中亦存在頗多牽強附會之處，而爲後人所詬病。

延及唐代，孔穎達主持編纂《周易正義》黜鄭存王，稍後的李鼎祚在其《周易集解》中雖集各家象數易說，以補鄭玄之逸象，但對於鄭玄之爻辰說，則一律棄之不取。清代惠棟在其所撰《易漢學》卷六《鄭康成易》言：「康成以爻辰說易，其書已亡，間見於唐人正義者，采以備考。」（2007：614）從中可以看出那時鄭氏「爻辰說」在易學領域幾乎失傳，是經過惠棟的考索梳理之後，才令「爻辰說」得以重現。其後至今，學界對於這一學說進行了多方深入的研究，普遍認識到「爻辰說」使鄭玄易學內容闊通博大，不僅令詮釋《易》的方法變得豐富多樣，更令鄭玄成為一名與荀爽、虞翻齊名的易學大家，從而加深了對於鄭玄易學、鄭玄經學以及整個兩漢易學與經學的研究，但深入研究的空間仍然很大。有鑒於此，筆者嘗試對鄭玄易學爻辰說再做一番粗淺的探討。

本文試從鄭玄「爻辰說」的主要內容、源流、所涉及具體《易》例以及其應用意義四個方面進行展開。

一、鄭玄易學「爻辰說」述要

「爻辰」，顧名思義，是「爻」與「辰」兩者之結合。「辰」指十二地支。《周易》六十四卦每卦皆有六爻。鄭玄易學的「爻辰說」，即是將十二地支納入到六十四卦的每一爻之中，這樣每卦的各爻就分納十二地支中的一支。關於其具體納法，首先要明乾坤兩卦之爻辰，因為六十四卦爻辰是以乾坤兩卦爻辰為依據確立的。乾卦與坤卦由下到上、自初爻至上爻，依次是納「子、寅、辰、午、申、戌」六陽支與「未、酉、亥、丑、卯、巳」六陰支，由此十二地支在乾坤兩卦中全部得以與爻相配。顯然乾卦六爻皆為陽爻，因此皆納陽支，坤卦六爻皆為陰爻，因此皆納陰支。而

餘下的六十二卦之爻辰則本自乾坤兩卦的爻辰，換而言之，即陽爻所值之辰以乾卦同位的爻辰爲依據，陰爻所值之辰以坤卦同位的爻辰爲依據。其具體配法如下：初爻若爲陽爻則以「子」配之，若爲陰爻則以「未」配之；二爻若爲陽爻則以「寅」配之，若爲陰爻則以「酉」配之，其餘三、四、五、上各爻所值之辰亦由乾坤爻辰推之，茲不贅述。

十二地支圖式與乾坤十二爻辰圖式

例如泰卦（☷☰），自下而上各爻分別爲陽、陽、陽、陰、陰、陰，因此分別與乾初、二、三和坤四、五、上所納地支相同，即依次納子、寅、辰、丑、卯、巳。

再如既濟卦（☵☲），自下而上各爻分別爲陽、陰、陽、陰、陽、陰，因此分別與乾初、坤二、乾三、坤四、乾五、坤上所納地支相同，即依次納子、酉、辰、丑、申、巳。

到此鄭玄爻辰說看起來似乎僅僅是以爻納地支這一項內容而已，其實不然。因爲傳統文化中與十二地支緊密關聯的是十二月、二十四節氣、十二律、二十八宿、五行等眾多涉及了曆法、天文、音律等內容要素。通過與地支的聯繫可以將上述的諸多方面內容全部納進卦爻之中，因此鄭玄爻辰說涵蓋內容極爲廣博。

　　我們首先要探究的是鄭玄排列乾坤十二爻辰次序的依據是什麼。前文已明其他卦的爻辰是由乾坤十二爻辰派生出來的，因此乾坤兩卦的爻辰是為探究整個鄭玄爻辰說的根本。眾所周知十二地支直接代表著一年當中的十二個月份，也就是說乾六爻自下而上分別代表夏曆十一月、一月、三月、五月、七月、九月；坤六爻自下而上分別代表夏曆六月、八月、十月、十二月、二月、四月。鄭玄「爻辰說」中，乾坤十二爻辰的這種排列次序是有天文曆法之根據的，而它直接反映的就是陰陽二氣的變化。中國古代先民認為，陰氣大盛於亥月，即夏曆十月，其後子月即夏曆十一月一陽來複。陽氣大盛於巳月，即夏曆四月，與之相對應，陰氣產生於午月，即夏曆五月。但午月為陽月，陰不勝陽，故陰要後退一月。於是我們看到鄭玄在注《易緯‧乾鑿度》時說：「陽氣始於亥，生於子，形於丑，故幹位在西北。……陰氣始於巳，生於午，形於未，陰道卑順，不敢據始以敵，故立於正形之位。」因此乾初爻開始於子，坤初爻開始於未，而不開始於午。所以乾坤兩卦的爻辰自初爻到上爻，所表現的意義是伴隨月份推進，陰陽二氣隨之增長。可見爻辰之根本還是在於陰陽二氣之消息，《易傳‧繫辭上》所講「一陰一陽之謂道」和「生生之謂易」即是告訴人們《易》的第一要義便是生生，整個宇宙皆時刻處在生生不息的大化流行之中，而大化流行的背後則是陰陽二氣的相互交感與此消彼長。

　　另外十二律呂與鄭玄爻辰說有密切關聯，中國古代的音律十二律呂在本質上是同於曆法的，它們雖然是不同的形式，但從根本上卻都是在反映宇宙天地間陰陽二氣的生成與變化。惠棟在《易漢學》卷六《鄭康成易》指出：「棟案《易緯》之說與十二律相生圖合，鄭與《周禮‧太師》注雲：『黃鐘初九也，下生林鐘之初六，林鐘又上生太簇之九二，太簇又下生南呂之六二，南呂又上生姑洗之九三，姑洗又下生應鐘之六三，應鐘又上生蕤賓之九四，蕤賓又上生大呂之六四，大呂又下生夷則之九五，夷則

又上生夾鐘之六五，夾鐘又下生無射之上九，無射又上生中呂之上六。』
韋昭注《周語》雲：『十一月黃鐘乾初九也，十二月大呂坤六四也，正
月太簇乾九二也，二月夾鐘坤六五也，三月姑洗乾九三也，四月中呂坤
上六也，五月蕤賓乾九四也，六月林鐘坤初六也，七月夷則乾九五也，
八月南呂坤六二也，九月無射乾上六也，十月應鐘坤六三也。』鄭氏注
《易》……同前說。」（2007：612）

二、鄭玄易學「爻辰說」源流

　　鄭玄的「爻辰說」雖然是獨特的，但是「爻辰」相值之法早在鄭玄之
前就已有之，劉大鈞先生根據《漢書・律曆志》之記載，考證「以《乾》
《坤》兩卦十二爻與十二辰相值，又與十二月及五行配合，西漢人早已用
之」（2010：82）。據此我們可以知曉爻與辰相配之法並非鄭玄獨創。

　　在鄭玄之前明顯直接涉及「爻辰說」的主要就是京房八宮納甲體系中
的「納支說」和《易緯・乾鑿度》的「爻辰說」。

　　西漢之時，京房推出了著名的八宮納甲體系，而所謂「納甲」也就
是爻納干支，將六十四卦各爻配以天干和地支。其「納支說」亦即另一種
「爻辰說」。對此有學者認為：「卦與地支的對應關係可稱為京房『爻辰
說』。因歷史上人們將『爻辰說』視為鄭玄《易》注的專利，所以一些
學者將京房爻辰說稱為京房納支說。其實，強立二名，徒增紛紜，不如
統一稱謂，以利讀者理解。」（楊效雷，2010：77）余敦康先生認為：
「爻辰的體例創始於京房，……京房以乾、坤十二爻左右相錯與十二辰相
配，……這就是爻辰說的濫觴。」（2006：80）又鄭玄在師從馬融學習
費氏易以前是先從第五元受京氏易的，於是鄭玄「爻辰說」始自京房「納

支說」似乎就顯得十分順理成章了。但是京房納支是以八宮的八個本宮卦（八純卦）納支作為基礎，其他卦納支外卦取八純卦內卦，內卦取八純卦外卦，即所有卦納支皆取自於八純卦，這一點與鄭玄爻辰以乾坤爻辰為基礎不同。乾震兩卦初爻納子，坎初爻納寅，艮初爻納辰，坤初爻納未，兌初爻納巳，離初爻納卯，巽初爻納丑。從納支順序來看，四純陽卦是順時納支，四純陰卦是逆時納支。這一點也與鄭玄爻辰皆順時納支不同。就乾坤兩卦所納而言，鄭同於京的是乾，不同於京的是坤。乾，自下而上，二者皆是子、寅、辰、午、申、戌；坤，自下而上，京為未、巳、卯、丑、亥、酉，鄭則一如上述，未、酉、亥、丑、卯、巳。

而在京房之後、鄭玄之前「比較系統地論述爻辰說，莫過於《易緯・乾鑿度》」（林忠軍，2005：105）。《易緯・乾鑿度》云：「故陽唱而陰和，男行而女隨，天道左旋，地道右遷，二卦十二爻而期一歲。乾陽也，坤陰也，並治而交錯行。乾貞於十一月子，左行，陽時六；坤貞於六月未，右行，陰時六，以奉順成其歲。歲終次從於屯蒙，屯蒙主歲。屯為陽，貞於十二月丑，其爻左行，以間時而治六辰。蒙為陰，貞於正月寅，其爻右行，亦間時而治六辰。歲終則從其次卦。」又如：「陰卦與陽卦同位者，退一辰以為貞，其爻右行，間辰而治六辰。泰否之卦，獨各貞其辰，共北辰，左行相隨也。中孚為陽，貞於十一月子，小過為陰，貞於六月未，法於乾坤。三十二歲而周。」清惠棟認為鄭玄「爻辰說」出於《易緯・乾鑿度》，因此他在其所撰《易漢學》中考究鄭玄「爻辰說」之初，便引《易緯・乾鑿度》之文。這也難怪，因為在前文所引《易緯・乾鑿度》一段文字，分明展現了一個與鄭玄「爻辰說」十分近似的以乾坤十二爻辰為基礎的框架，但近似終究非為等同。第一點不同在於《易緯・乾鑿度》爻辰說是將六十四卦分為三十二對，每對由陰陽兩卦組成，配十二辰代表一年十二個月，六十四卦代表了三十二歲一大週期，顯然卦與卦之間

沒有從屬關係。第二點不同也在乾坤爻辰，劉玉建教授以紮實的證據論述說到：「《乾鑿度》中的乾坤爻辰說，與京房的乾坤爻辰說是相同的」（1995：40）。

因此，鄭玄「爻辰說」既不同京氏亦不同於《易緯》。據《後漢書・鄭玄傳》，鄭玄曾至太學問學於第五元，通曉了京氏易。他又研究過《易緯》，可以說正是在融會改造以上兩種「爻辰說」的基礎上才推出了自己的「爻辰說」。

三、鄭玄易學「爻辰說」易例舉要

「鄭氏《易》注已經不全，特別是以『爻辰』法解《易》的材料，今存不過十幾條。」（劉大鈞，2010：82）接下來我們就從現今可見的鄭玄以爻辰解《易》的例子當中幾條著手，具體來看鄭玄是如何利用爻辰與諸多因素結合來注解《易》的。

以爻辰結合月份與四時──《泰》六五「帝乙歸妹，以祉元吉」。鄭注：「五爻辰在卯春爲陽中，萬物以生。」（2005：391）這是說，《泰》六五爻值卯，卯爲二月仲春，春季萬物生育，利嫁娶，因此歸妹得吉。

以爻辰結合五行──《困》九二「困於酒食、朱紱方來」。鄭注：「二據初，辰在未，未爲土，此爲大夫有地之象。」（2005：406）意爲《困》九二爻所以有「酒食」之辭，是因此爻值未，未爲土，故有大夫有地而富有之象。

以爻辰結合生肖──《坎》上六「系用徽纆」。鄭注：「爻辰在巳，巳爲蛇，蛇之蟠屈似徽纆也。」（2005：398）意思是坎卦上六爻值巳，

巳在十二生肖中代表蛇，鄭玄認爲蛇蟠屈似徽繟。

以爻辰結合星象——鄭玄把爻辰與星象結合來注釋《周易》卦爻辭，則是其爻辰說最突出的特點。

《比》初六「有孚盈缶」。鄭注：「爻辰在未，上值東井，井之水，人所汲，用缶汲器。」（2005：390）這裏爲了解爻辭中的「缶」，鄭玄用《比》初六爻值東井星，星名中「井」字，取井水用「缶」。

《坎》六四「尊酒簋貳用缶納約自牖」。鄭注：「六四上承九五，又互體在震上，爻辰在丑，丑上值鬥，可以斟之象。鬥上有建星，建星之形似簋。貳，副也。建星上有弁星……」（2005：398）這裏所說的東井、鬥、建星、弁星皆爲天上的星。

《困》九二「困於酒食」。鄭注：「未上值天廚，酒食象。」（2005：406）困卦初爻值未值天廚星，因此有酒食象。

丁四新教授曾指出：「鄭玄不但以乾坤十二爻辰重構了幾乎整個卦爻系統，而且通過卦象與物象的聯繫，又進一步對萬有予以統構，並使之規範化、秩序化。……鄭玄由爻辰說進一步把卦卦聯繫、卦物聯繫和萬有間的聯繫涵攝進來，完成一全息的爻位理論，它實際上包含著一個繁雜多層的開放型場有系統。因此乾坤十二爻辰說是鄭氏易學中最大的象數學，而其中反映的易理又是最高的義理，即『乾坤其易之蘊、易之門』的鄭易宗旨。」（1997：119）這種以乾坤十二爻之爻辰爲根本的思維方法，正是體現了《繫辭》所講「乾坤，其易之門邪」所蘊含的乾坤兩卦爲六十四卦之根本的這一思想，亦即乾坤生六十四卦。照鄭玄看來，乾、坤兩卦所值之辰對其餘的六十二卦是普遍適用的，凡陽爻所值之辰可以按乾卦的爻辰解釋，陰爻所值之辰可以按坤卦的爻辰解釋，從而使六十四卦、三百八十四爻都可以納入爻辰的模式之中，根據爻辰的象數來闡發其中的義理，根據其解經的需要，靈活地運用這些學說以解《易》。

我們可以看到鄭玄用「爻辰說」解《易》涉及了十二月份、四時、五行、十二生肖、星象等諸多內容，雖賦予了易學以新內容，但同時也不可否認其中確有牽合附會的地方。至於到底應該如何看待鄭玄的「爻辰說」，我們認為，應當從進一步的挖掘其中的哲學意義做起。

四、鄭玄「爻辰說」的應用

鄭玄傾注畢生精力研究各部經書和緯書，批判性地總結了兩漢經學，確立起漢代經學集大成者的顯赫地位。正如皮錫瑞在《經學歷史‧經學中衰時代》中所言：「鄭《易注》行，而施、孟、梁丘、京之《易》不行矣；鄭《書注》行，而歐陽、大小夏侯之《書》不行矣；鄭《禮注》行而大小戴之《禮》不行矣；鄭《論語注》行，而齊魯《論語》不行矣。」（2008：149）

鄭玄構建「爻辰說」，是在其注釋《易緯》時便已提出的，而又在尋求一個普遍的原理或方法，來通貫詮釋《周易》經文的過程中逐步形成一個體系。以此看來，「爻辰說」的第一個應用，便是作為一個普遍的原理以求詮釋《易》之經文。在此詮釋過程中，涵括二十四節氣、十二律、十二生肖、二十八宿、律呂、五行等，古代天文、曆法、音律等諸多知識都是其應用內容。然不可否認，天文、曆法、氣象學說，種種新的概念、觀點，被比附進經文的詮釋中，令其詮釋表現得有些牽強。

當然，鄭玄「爻辰說」的應用遠遠不止應用於詮釋經文，我們不應僅僅將鄭玄「爻辰說」作為詮《易》的工具，況且事實上於解經的系統中，「爻辰說」多已棄置，而構成爻辰說的要素：二十四節氣、十二律、十二生肖、二十八宿、律呂、五行等，古代天文、曆法、音律等諸多知識於自

然科學系統中，仍流傳於民間術數之中。我們的關注點更多的，應置於其所揭示的時空合一的宇宙圖式與六十四卦三百八十四爻的八卦卦氣底蘊，並且應與現實相結合，進一步思考其哲學意義帶給我們的啟示，使其哲學意義之大用發揮於現實生活。

鄭玄易學「爻辰說」以十二地支貫通六十四卦，首先確立起了一種時空合一的宇宙圖式。十二地支在鄭玄的易學語境下，符示著四時、十二個月與八個空間方位，從而構成了一種有機整體宇宙圖式：子，夏曆十一月，仲冬，正北；丑，夏曆十二月，季冬，東北；寅，夏曆正月，孟春，東北；卯，夏曆二月，仲春，正東；辰，夏曆三月，季春，東南；巳，夏曆四月，孟夏，東南；午，夏曆五月，仲夏，正南；未，夏曆六月，季夏，西南；申，夏曆七月，孟秋，西南；酉，夏曆八月，仲秋，正西；戌，夏曆九月，季秋，西北；亥，夏曆十月，孟冬，西北。六十四卦的三百八十四爻以六十四種，特有的形式符示了這種圖式的複雜多樣的豐富內涵。例如，乾六爻符示著：初陽子，夏曆十一月，仲冬，正北；二陽寅，夏曆正月，孟春，東北；三陽辰，夏曆三月，季春，東南；四陽午，夏曆五月，仲夏，正南；五陽申，夏曆七月，孟秋，西南；上陽戌，夏曆九月，季秋，西北。坤六爻符示著：初陰未，夏曆六月，季夏，西南；二陰酉，夏曆八月，仲秋，正西；三陰亥，夏曆十月，孟冬，西北；四陰丑，夏曆十二月，季冬，東北；五陰卯，夏曆二月，仲春，正東；上陰巳，夏曆四月，孟夏，東南。泰六爻符示著：初陽子，夏曆十一月，仲冬，正北；二陽寅，夏曆正月，孟春，東北；三陽辰，夏曆三月，季春，東南；四陰丑，夏曆十二月，季冬，東北；五陰卯，夏曆二月，仲春，正東；上陰巳，夏曆四月，孟夏，東南。既濟六爻符示著：初陽子，夏曆十一月，仲冬，正北；二陰酉，夏曆八月，仲秋，正西；三陽辰，夏曆三月，季春，東南；四陰丑，夏曆十二月，季冬，東北；五陽申，夏曆七

月，孟秋，西南；上陰巳，夏曆四月，孟夏，東南。

六十四卦三百八十四爻所納的這十二地支，進而又對應著八卦的宇宙圖式。《易傳》的《說卦傳》曾開示過一種時空合一的八卦的宇宙圖式：「萬物出乎震。震，東方也。齊乎巽。巽，東南也。齊也者，言萬物之潔齊也。離也者，明也，萬物皆相見，南方之卦也。⋯⋯坤也者，地也，萬物皆致養焉，故曰致役乎坤。兌，正秋也，萬物之所說也，故曰說言乎兌。戰乎乾。乾，西北之卦也，言陰陽相薄也。坎者，水也，正北方之卦也，勞卦也，萬物之所歸也，故曰勞乎坎。艮，東北之卦也，萬物之所成終、而所成始也，故曰成言乎艮。」在漢代卦氣易學的語境下，這一圖式又與十二地支直接對應起來。最典型的，就是鄭玄詮釋過的《易緯‧乾鑿度卷上》：

天地有春秋冬夏之節，故生四時。四時各有陰陽剛柔之分，故生八卦。八卦成列，天地之道立，雷風水火山澤之象定矣。其布散用事也，震生物於東方，位在二月；巽散之於東南，位在四月；離長之於南方，位在五月；坤養之於西南方，位在六月；兌收之於西方，位在八月；乾剝之於西北方，位在十月；坎藏之於北方，位在十一月；艮終始之於東北方，位在十二月。八卦之氣終，則四正四維之分明，生長收藏之道備，陰陽之體定，神明之德通，而萬物各以其類成矣。⋯⋯歲三百六十日而天氣周，八卦用事，各四十五日方備歲焉。故艮漸正月，巽漸三月，坤漸七月，乾漸九月。（趙在翰輯，2012：32）

在此圖式中，八卦與其符示的內容間的對應關係是：坎，子，夏曆十一月，仲冬，正北；艮，丑，夏曆十二月，季冬，東北與寅，夏曆正月，孟春，東北；震，卯，夏曆二月，仲春，正東；巽，辰，夏曆三月，季春，

東南與巳，夏曆四月，孟夏，東南；離，午，夏曆五月，仲夏，正南；坤，未，夏曆六月，季夏，西南與申，夏曆七月，孟秋，西南；兌，西，夏曆八月，仲秋，正西；乾，戌，夏曆九月，季秋，西北與亥，夏曆十月，孟冬，西北。

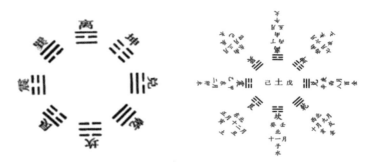

八卦方位立體宇宙圖式

借助六十四卦所納爻辰與八卦圖式的對應關係，鄭玄又進一步揭示了六十四卦三百八十四爻的八卦卦氣底蘊。

從《說卦傳》到《易緯》有一條陰陽消息引發四時流轉、萬物生化的橫線。貫穿於其中的是陰陽論是易學的核心，八卦圖式中的各卦分別符示著陰陽消息、萬物生化的不同時段、狀態與格局。而深層決定這些時段、狀態與格局中的，就是氣的消長狀態。於是在漢代卦氣易學的語境下，圖式中的八卦就有了符示相應時段氣的基本意涵：坎氣，符示正北子位的子月之氣；艮氣，符示東北丑、寅位的丑月、寅月之氣；震氣，符示正東卯位的卯月之氣；巽氣，符示東南辰、巳位的辰月、巳月之氣；離氣，符示正南午位的午月之氣；坤氣，符示西南未、申位的未月、申月之氣；兌氣，符示正西酉位的酉月之氣；乾氣，符示西北戌、亥位的戌月、亥月之氣。於是，六十四卦各爻以其所納爻辰，就分別符示著相應的八卦卦氣。

例如既濟卦，初陽子，符示坎氣；二陰酉，符示兌氣；三陽辰，符示巽氣；四陰丑，符示艮氣；五陽申，符示坤氣；上陰巳，符示巽氣。鄭玄在其《易緯通卦驗》注中就有「九二辰在寅，得艮氣」諸說。

　　鄭玄以乾坤十二爻辰為基礎，本於陰陽二氣之盈虛消長，基於乾天坤地化生萬物、乾坤生六十四卦，以十二地支貫通六十四卦，確立起了一種時空合一的宇宙圖式。在此基礎上，六十四卦三百八十四爻所納的這十二地支，又對應著八卦的宇宙圖式。借助六十四卦所納爻辰與八卦圖式的對應關係，鄭玄又進一步揭示了六十四卦三百八十四爻的八卦卦氣底蘊。鄭玄以此揭示了現實的世界，即是在乾天坤地發用下，由陰陽消息引發四時流轉、彼此間息息相關的萬物，就處在這一和諧有序的境地中，而得以生化流行不息、欣欣向榮。

　　鄭玄「爻辰說」構建的涵蓋時空的體系，直接昭示了現實世界中事事物物皆相關聯、休戚與共、共同構成此一有機整體的現實世界。人作為萬物之一，固然也是與萬物中的他物息息相關、休戚與共，因此人與自然是生命共同體，在乾天坤地的發用下令其得以處於有序和諧之狀態。鄭玄基於爻辰說構建起了一匯納涵具時空的有機系統，這一基於爻辰說的天人（人與自然）和諧共榮易場，對啟示世人敬畏天地，敬畏自然，或許對當下極待解決的人與自然關係問題具有啟迪意義。

參考文獻

一、期刊

劉玉建（1995）。〈鄭玄爻辰說述評〉，《周易研究》，3：40。

皮錫瑞（清）。《經學歷史》。北京：中華書局，2008年。

楊效雷（2010）。〈爻辰說：鄭玄〈易〉注的顯著特色〉，《歷史文獻研究》，29：77頁。

二、專書

丁四新（1997）。〈鄭氏易義〉，劉大鈞（編），《象數易學研究》（二），119。濟南：齊魯書社。

劉大鈞（2010）。《周易概論》。成都：巴蜀書社。

林忠軍（2005）。《周易鄭氏學闡微》。上海：上海古籍出版社。

余敦康（2006）。《漢宋易學解讀》。北京：華夏出版社。

趙在翰（清）。《七緯》，卷1。北京：中華書局，2012年。

三、古籍

惠棟（清）。《周易述（附：易漢學‧易例）》（下冊），卷6。北京：中華書局，2007年。

鄭玄（漢）注，王應麟（宋）編。《周易鄭注》，摛藻堂《欽定四庫全書薈要》影印本第7冊，卷1。長春：吉林出版集團有限公司，2005年。

Application of Zheng Xuan's Yao-chen Theory

Abstract

As an influential Chinese commentator and Confucian scholar near the end of the Han Dynasty, Zheng Xuan put forward Yao-chen theory which was his landmark theory for Yi-ology. The theory as a unique solution of interpreting *Zhouyi*, takes the knowledge about ancient astronomy, calendar, temperament and the others into each hexagram and Yao. It makes application content for image-number of Yi-ology more various. Zheng Xuan's Yao-chen theory was based on twelve hexagram lines of *Qian* and *Kun*, based on waxing and waning of *Qi* of *Yin* and *Yang*, based on heaven and earth creating all things, *Qian* and *Kun* creat the others of sixty-four hexagrams. Correlating twelve earthly branches with sixty-four hexagrams and establishing a cosmic schema of time and space. On this basis, sixty-four hexagrams of the three hundred and eighty-four lines of the twelve earthly branches, and corresponding to the gossip of the universe schema. With the the relationship between Yao-chen and hexagrams, Zheng Xuan further revealed the significance of the *Gua qi* of the three hundred and eighty-four hexagrams lines. Zheng Xuan built Yao-chen thory could be described as almost satisfied with everything in the space and time. It revealed things in the real world are related and constituting the organic whole of the real world together. The heaven and earth made it ordered to be in an orderly and harmonious state. Zheng Xuan's Yao-chen theory revealed the construction of heaven and human beings (human beings and nature) was harmonious and prosperous of the field. People should know the heaven and earth are awe-inspiring. Undoubtedly, it could play a far-reaching inspiration and has a great significance for the urgent need to solve the current problems about relationship between man and nature and to achieve sustainable ecological development.

Keywords: Zheng Xuan, Yao-chen, waxing and waning of *Qi* of *Yin* and *Yang*, cosmic diagram

國家圖書館出版品預行編目資料

哲學應用與應用哲學／中國哲學會作. ——
初版. ——臺北市：五南, 2018.10
　面；　公分. --（中國哲學會學術集刊；2）
ISBN 978-957-11-9955-9（平裝）
1.哲學　2.文集
107　　　　　　　　　　　107016109

1BCB

哲學應用與應用哲學

作　　　者 — 中國哲學會

發 行 人 — 楊榮川

總 經 理 — 楊士清

主　　　編 — 陳姿穎

責任編輯 — 沈郁馨

執行編輯 — 吳惠齡

封面設計 — 姚孝慈、王麗娟

出 版 者 — 五南圖書出版股份有限公司

地　　　址：106台北市大安區和平東路二段339號

電　　　話：(02)2705-5066　　傳　　真：(02)2706-

網　　　址：http://www.wunan.com.tw

電子郵件：wunan@wunan.com.tw

劃撥帳號：01068953

戶　　　名：五南圖書出版股份有限公司

法律顧問　林勝安律師事務所　林勝安律師

出版日期　2018年10月初版一刷

定　　　價　新臺幣350元

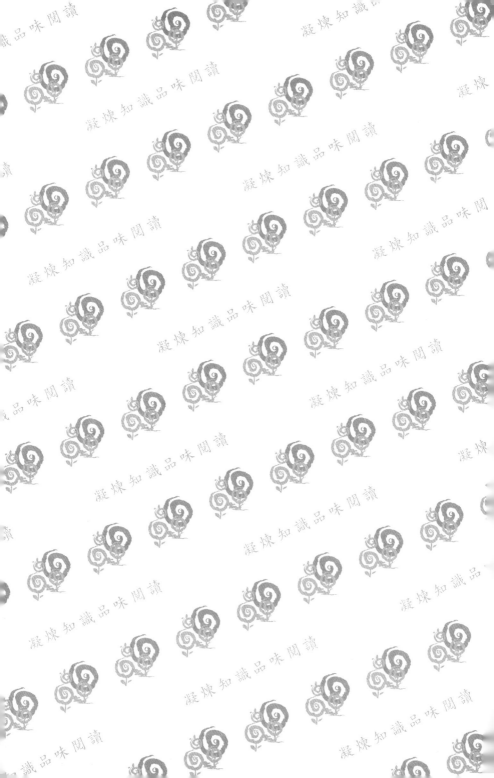